FÉ

Coordenação
Reinhard Hirtler

Tradução
Milena Oliveira

Revisão e edição de texto
Idiomas & Cia

Capa
José Carlos S. Junior

Projeto Gráfico e Diagramação
José Carlos S. Junior

Fé
Reinhard Hirtler
Reinhard Hirtler Publicações ©

Primeira edição - 2015
Segunda edição - 2016
Todos os direitos reservados por
Reinhard Hirtler Publicações ©

rhpublicacoes@gmail.com
62 9999-1399
www.rhlivraria.com.br

Exceto em caso de indicação em contrário, todas as citações bíblicas foram extraídas da Bíblia King James Atualizada, 2ª edição, da Sociedade Ibero-Americana, ©. Todos os direitos reservados.

Dados Internacionais de Catalogação na Publicação (CIP-Brasil)

Hirtler, Reinhard
Fé / Reinhard Hirtler
Brasília: Priint Impressões Inteligentes, 2016
ISBN: 978-85-5963-001-5
1. Vida Cristã. 2. Espiritualidade I. Título

FÉ

REINHARD HIRTLER

Tradução: Daniel Soares

RH
PUBLICAÇÕES

Para fazer pedidos da RH Publicações:

rhpublicacoes@gmail.com

(62) 9999-1399

www.rhlivraria.com.br

Impresso no Brasil por:

Telefones: (69) 99246-4984

email: josecarlos@priint.com.br

www.fb.com/PriintEditora

Reinhard e Debi Hirtler têm sido usados por Deus para amparar crianças carentes no Brasil. Desde que conheceram a realidade dos meninos e meninas de rua, eles têm se dedicado à construção de orfanatos em todo o território nacional. O objetivo do casal é construir, ao longo dos anos, 100 orfanatos em cidades brasileiras.

O primeiro foi construído em São Luís do Maranhão. O objetivo desses orfanatos vai além de retirar as crianças das ruas, pois visa levar o amor de Jesus a cada uma delas, conferindo-lhes a esperança perdida.

Para auxiliar na arrecadação de fundos tanto para a construção quanto para a manutenção desses orfanatos, Reinhard tem escrito livros e revertido 100% da renda obtida com a venda destes para missões e para o projeto "100 orfanatos".

Você pode ler mais sobre o assunto em:
www.braziliankidskare.org.

Sumário

INTRODUÇÃO

Em Hebreus 11:6 a Bíblia diz: "... sem fé é impossível agradar a Deus." Preste bastante atenção a esse versículo. Ele diz que é impossível agradar a Deus sem fé. *Impossível* é uma palavra muito forte, porém essa é a força da verdade: você pode tentar fazer qualquer coisa para agradar a Deus, mas sem fé é *impossível* fazê-lo. O versículo continua dizendo: "... porquanto é necessário que aquele que se aproxima de Deus creia que ele existe e que se torna galardoador dos que o buscam." A fé é extremamente importante, pois o mundo espiritual é real, e é por meio da fé que trazemos à existência aquilo que existe no mundo espiritual para o mundo natural.

O problema é que geralmente não acreditamos na realidade do mundo espiritual, pois não o vemos com os nossos olhos naturais. Descobri que há uma batalha constante entre aquilo que vemos com os olhos naturais e o que vemos com os olhos do nosso coração. Essas duas coisas são distintas e frequentemente há uma realidade espiritual que não podemos ver com os nossos olhos naturais. Tudo o que conseguimos ver são as circunstâncias ao nosso redor, então passamos a acreditar mais naquilo que vemos com nossos olhos naturais do que na realidade espiritual. A Bíblia é cheia de exemplos assim.

A fé traz a realidade espiritual para o mundo natural. Portanto, há dois princípios importantes que você precisa conhecer. Primeiramente, você não pode agradar a Deus sem fé. E segundo, todas as realidades do mundo do espírito se tornarão reais para nós pela fé. Assim, não importa quantas promessas Deus tenha lhe dado, elas não acontecerão em um passe de mágica.

A Bíblia diz que devemos seguir aqueles que pela fé e longanimidade herdaram as promessas de Deus (Hebreus 6:12). Aquilo que Deus lhe prometeu, essa é a sua herança, e espera-se que você a herde. Entretanto, como isso acontecerá? Como você receberá sua herança? Como você pode ter a certeza de receber o que Deus lhe prometeu?

Recebemos todas as nossas promessas por meio da fé e da longanimidade. A fé é o veículo que conduz as promessas de Deus do mundo espiritual, as regiões celestiais, para nós, na terra. As promessas de Deus já existem no mundo espiritual e a fé é o veículo que transporta cada uma delas do reino do espírito para a nossa vida cotidiana.

Se você estudar a Bíblia, notará que a fé trouxe cura, realizou milagres, moveu montanhas, derrubou as muralhas de Jericó, derrotou gigantes e deu filhos a mulheres estéreis. Podemos encontrar muitas ações sobrenaturais na Bíblia, como as já mencionadas. Apenas estude-a cuidadosamente e você verá os muitos milagres que a fé operou na vida daqueles que ousaram crer em Deus.

1

A importância da Fé

Desejo compartilhar com você algumas citações de grandes homens de Deus. Amo estudar a vida desses homens de fé. Smith Wigglesworth, por exemplo, era um simples homem da Inglaterra, mas um incrível homem de fé. De acordo com a minha pesquisa, ele levantou até a esposa dos mortos! Um dia Wigglesworth estava caminhando pelas ruas de São Francisco, e quando as pessoas ouviram que ele estava chegando abriram as portas de suas casas e trouxeram os enfermos para a calçada. Cada pessoa pela qual ele passou naquele dia foi curada.

Smith Wigglesworth foi um incrível homem de fé e poder. Recomendo que você estude um pouco de sua biografia — ele foi chamado de apóstolo da fé e disse o seguinte: "Não sou movido pelo que vejo, não sou movido pelo que sinto, sou movido apenas pelo que creio."

Outro grande homem de Deus foi George Müller, que fundou 117 escolas e proporcionou educação para mais de 120 mil crianças, muitas delas órfãs que ele abrigava em suas instituições. Ele nunca pediu um centavo a ninguém e pela fé levantou milhares de dólares — e também foi um homem de Deus incrível. Müller afirmou: "Alegremente dediquei toda minha vida a exemplificar o quanto podemos realizar por meio da oração e da fé." Em outras palavras, ele dedicou sua vida inteira a um único propósito: mostrar o que pode ser feito com fé e oração. E Müller realmente viveu dessa forma. Ele também disse: "O início da ansiedade é o fim da fé, ao passo que o começo da fé verdadeira é o fim da ansiedade." Fé e preocupações não podem coexistir no mesmo coração, é impossível que essas duas coisas habitem o mesmo lugar.

Outro homem inspirado por Deus foi Andrew Murray. Todos os cristãos deveriam ler seus escritos, verdadeiros clássicos da vida cristã. Ele escreveu muitos livros maravilhosos e afirmou: "A fé espera de Deus o que vai além da expectativa."

A fé não se move no reino da possibilidade, ao contrário, ela começa quando as impossibilidades têm início. Enquanto você puder fazer algo acontecer na sua força, a fé não é necessária. Crer que alguma coisa perfeitamente possível irá acontecer não é ter fé. A fé opera somente naquilo que é humanamente *impossível*. Andrew Murray também disse: "A fé espera de Deus o que está além de toda a expectativa."

Dois irmãos, John e Charles Wesley, foram grandes líderes e gigantes espirituais no movimento Metodista na Grã-Bretanha. Charles Wesley disse certa vez: "Fé, poderosa fé, vê a promessa e olha apenas para Deus, ri das impossibilidades e clama: assim será feito."

Essa fé poderosa de que Charles Wesley fala é focada apenas em Deus e nas suas promessas, rindo daquilo que parece impossível. De fato, nunca veremos o sobrenatural sem fé. Muitas pessoas querem ver milagres, porém, sem fé, eles não acontecerão. A Bíblia diz que nós profetizamos pela fé, e que tudo o que fazemos sem fé é pecado (ver Romanos 14:23). Martin Luther King Jr. afirmou: "A fé dá o primeiro passo mesmo quando não vemos o fim da escadaria, portanto, se você não vê a escada toda e não sabe para onde ela vai, a fé começa a andar."

A Bíblia chama Abraão de "o pai da fé". Ele é o nosso pai espiritual. Mas o que aconteceu com ele para receber esse título?

Deus lhe disse:

— Abraão, vá para a terra que Eu lhe mostrarei.

— Mas Deus, para onde estamos indo?

— Não vou lhe dizer agora — diz Deus.

— Mas se queres que eu vá, preciso saber para onde estou indo.

— Faça as malas e Eu lhe mostrarei.

— Mas em que direção?

— Faça as malas, desmonte a sua tenda, comece a caminhar e Eu lhe mostrarei.

Isso é fé! A fé dá o primeiro passo quando ainda não vemos o fim da escada.

Minha família e eu nunca quisemos morar nos Estados Unidos. Hoje, a maioria das pessoas que vêm para cá quer viver aqui, mas nós nunca quisemos. Se você já esteve na Áustria, não vai querer morar nos Estados Unidos, pois a Áustria é um país lindo. Contudo, no meio da noite, à 1h30 da manhã do dia 1º de janeiro de 2004, Deus falou comigo: "Este ano quero que você se mude para os Estados Unidos." Essa direção me pegou de surpresa, pois era a última coisa que eu queria fazer. Minha esposa é norte-americana, mas ela não queria voltar a viver nos Estados Unidos. Então, me vi diante de um problema. Deus havia me dito que eu deveria me mudar para os Estados Unidos, mas tinha uma esposa que não queria morar lá e eu não queria ir sozinho. Portanto, orei todos os dias: *Deus, sempre lhe obedecerei, mas Debi não quer ir. Ela é minha esposa, mas também é sua filha, e é o dever do pai falar com suas meninas, então, o Senhor agora precisa falar com a sua filha e então mudaremos para os Estados Unidos.* Esperei pacientemente, não proferi uma palavra, apenas fiz a mesma oração todos os dias.

Quatro meses mais tarde, minha esposa estava lendo um livro cristão, quando veio até mim e disse:

— Precisamos nos mudar para os Estados Unidos, sei que temos de ir para lá. Deus quer que vivamos na América.

— Amor, vamos nos mudar este ano — eu disse.

— Não brinque comigo, estou falando sério — ela disse.

— Sim, tenho orado desde o dia primeiro de janeiro e estamos nos mudando.

Então, fizemos todos os planos. Não tínhamos dinheiro nem para as passagens aéreas para nós e nossos dois filhos. Éramos missionários e plantadores de igrejas, por isso o dinheiro que tínhamos era investido na implantação de novas igrejas. Não tínhamos casa própria ou apartamento; tínhamos um carro usado e o nosso bem mais precioso era o nosso cão. Mesmo assim, começamos os preparativos.

Deus nos disse para qual cidade deveríamos nos mudar e de qual igreja faríamos parte. Fiz minha inscrição para tentar o visto definitivo como marido de uma norte-americana, o *green card*, enquanto as pessoas me diziam para não me empolgar, pois seria impossível conseguirmos esse tipo de visto. Enquanto isso, eu dizia: "Nada é impossível para aqueles que creem. Se Deus quer que eu vá, eu vou."

Fiz minha solicitação de *green card* em abril. Já havia comprado a passagem para ir aos Estados Unidos em julho para pregar e, à medida que preenchíamos toda aquela papelada, a senhora da embaixada nos disse que se quiséssemos pegar o visto precisaríamos ter determinada quantia de dinheiro, que por sinal era alta e não tínhamos. Debi e eu temos a seguinte política no nosso casamento: nunca pedir dinheiro a ninguém, ainda que não tenhamos nada não pediremos, apenas oraremos e acreditaremos em Deus para a nossa provisão.

A senhora da embaixada continuou:

— Se você não tem essa quantia, será impossível seguir com o processo.

Eu respondi que, mesmo assim, queria continuar a dar entrada nos documentos.

Depois, ela acrescentou:

— Você precisa saber que não pode viajar para os Estados Unidos até o final do processo de solicitação do *green card*, que acontecerá apenas daqui a alguns meses. Caso contrário, você não conseguirá o visto.

Eu respondi àquela senhora:

— Já agendamos nossos voos, vou para os Estados Unidos para pregar em julho.

— Você precisa cancelar o voo ou cancelar a solicitação — ela afirmou.

Minha esposa me olhou, tentando imaginar o que eu faria. Sorri para aquela senhora e continuei:

— Não vamos mudar a nossa viajem, tampouco retiraremos a solicitação.

Foi exatamente isso que eu disse à funcionária, e em meu coração pensei: *Tudo é possível àquele que crê, tudo!* Foi isso que Jesus disse, e Ele é mais esperto e maior do que a Embaixada dos Estados Unidos. Portanto, continuamos com a solicitação do green card.

No dia 10 de agosto tive de retornar à Embaixada para a entrevista com um dos oficiais. Minha esposa Debi me disse que eu realmente precisaria orar, porque eles me fariam muitas perguntas e eu deveria estar bem preparado. Respondi à minha esposa:

— Não vou orar e também não vou estudar para a entrevista, pois Jesus disse que eu não deveria me preocupar com o que dizer quando me apresentasse diante do governo, pois o Espírito Santo me dirá o que dizer.

Eu havia decidido apenas acreditar nas palavras de Jesus.

Então, no dia da entrevista, fui à Embaixada. Quando cheguei, a entrevistadora olhou para mim e disse:

— Então, você quer ir para a América?

— Sim, senhora — respondi.

Ela me perguntou por que eu queria ir, mas eu não conseguia pensar em nada. Minha mente deu um "branco". A única coisa que saiu da minha boca foi:

— Minha esposa quer ir, meus filhos também, e eu quero ir.

Ela olhou para mim e disse:

— Você quer mudar de ares, não é?

— Acho que sim... — respondi.

Então, ela continuou:

— Há quantos anos você está casado?

— Há 18 anos — eu disse.

Ela olhou para a minha papelada e disse:

— Seu aniversário foi há dois dias. Você gostaria de ganhar o *green card* como presente de aniversário?

Olhei para ela e disse:

— Desculpe, o que você disse?

— Você me ouviu — disse ela. — Sente-se, feliz aniversário e bem-vindo aos Estados Unidos da América.

E essa foi toda a entrevista. Nada mais.

Saí da embaixada, liguei para minha esposa e disse:

— Amor, peguei o *green card.*

— Como assim? — ela perguntou

— Estou com o papel na minha mão.

— Isso é impossível!

— Nada é impossível para aqueles que creem.

Como você viu, a fé sempre dá o primeiro passo, mesmo quando não vemos para onde estamos indo.

Nessa época nós morávamos na Áustria. Tenho muitos amigos e sou conhecido por muitos cristãos do país, porque plantamos muitas igrejas e pela graça de Deus fizemos grandes coisas pelo Reino ali. E muitos dos meus amigos cristãos maravilhosos começaram a me dizer coisas como:

— Ouvi dizer que você está de mudança para os Estados Unidos, é verdade?

— Sim, é verdade.

— O que vocês farão quando chegarem lá? — Eles estavam preocupados porque nossos filhos tinham 14 e 16 na época.

— Não sei.

— O que você quer dizer? Como "não sabe"?

— Não sei. Deus me disse para eu ir e estou indo.

— Você é louco!

— Sim, e tenho orgulho disso! Se você estudar a Bíblia, verá que todos aqueles que andaram pela fé e viram o poder sobrenatural de Deus aparentavam ser loucos.

— Como você vai viver quando chegar lá? — perguntavam.

— Não sei.

— Como você vai alimentar a sua família?

— Não sei.

— O que você vai fazer quando chegar ao aero¬porto?

— Vou dizer: "Deus, estou aqui, para onde irei agora? Qual é o próximo passo?"

— Você é maluco, irresponsável. Tem esposa e dois filhos, não pode fazer uma coisa dessas — as pessoas disseram.

— Claro que posso, sou filho de Abraão, a quem Deus disse: "Vá, quando fores mostrarei o caminho para onde deves ir." Então, assim como ele, estou indo. O Senhor me mostrará aonde ir.

— Você vai pastorear uma igreja lá?

— Não sei.

— O que você fará?

— Não sei, mas estou indo.

De fato, Deus começou a trabalhar e a mover as coisas enquanto nós nos preparávamos para partir.

Durante esse período de preparação, fizemos
uma reunião evangelística em um parque em Viena e uma mulher chamou minha atenção. Sei que
quando algumas coisas chamam minha atenção isso
provém do Espírito Santo. Nunca havia visto aquela mulher, mas caminhei naquela direção e comecei
a conversar com ela. Ela era uma missionária norte-americana que estava servindo ao Senhor ali em
Viena e, por coincidência, era da mesma cidadezinha nos Estados Unidos para a qual Deus nos disse
que deveríamos nos mudar. Apenas 4 mil pessoas
viviam naquela cidade, e ela era uma missionária da
igreja sobre a qual Deus havia falado conosco e nos
orientado a fazer parte. Deus começou a trabalhar
e nós também.

Três dias antes de pegar o avião, não tinha a mínima ideia de como viveríamos nos Estados Unidos
e como o Senhor nos sustentaria ali. Já tínhamos as
passagens e vendi meu carro a um ótimo preço para
o meu melhor amigo. Dissemos às pessoas da igreja
que viessem ao nosso apartamento e pegassem tudo
o que eles quisessem, pois estávamos indo para os
Estados Unidos e as únicas coisas que poderíamos
levar eram duas malas cada. Assim, quando chegamos naquele país tínhamos apenas duas malas cada
um e duas caixas pequenas, com coisas importantes. Disse aos meus filhos para empacotarem tudo
o que quisessem levar em duas malas, pois o que não

coubesse ficaria de fora e seria deixado para trás. Eu disse a eles: "Coloquem nessas duas malas tudo o que for mais importante para vocês." Porém minha esposa, mais inteligente, disse: "Precisamos levar roupas e não brinquedos." No fim, cada um ficou com duas malas cada e as pessoas vieram à nossa casa e levaram tudo — nossos móveis, bicicletas, o cachorro, tudo se foi.

Assim, três dias antes de nos mudarmos para os Estados Unidos eu ainda não tinha ideia de como viveríamos lá e de onde viria o sustento para a minha família, mas sabia que a fé dá o primeiro passo ainda quando não vemos o fim do caminho.

Foi então que, três dias antes de partirmos, um austríaco me telefonou. Ele era diretor de um estúdio de televisão cristã, disse que ouvira que estávamos de mudança para os Estados Unidos e perguntou se eu precisava de um trabalho quando chegasse lá. Ele disse:

— Deus falou comigo e me disse para lhe dar um emprego.

— Que emprego é esse? — perguntei.

— Joyce Meyer pediu que fizéssemos a produção de seu programa de televisão para a Alemanha, e Deus nos disse que você deveria ser o tradutor.

— Gostei da ideia, eu aceito.

Quando chegamos aos Estados Unidos, pude ficar na minha casa, na casa que havíamos alugado, e apenas fazer a tradução dos programas de Joyce Meyer, sem ter de deixar minha família sozinha o dia todo em um novo país enquanto procurava emprego.

Veja, a fé dá o primeiro passo e começa a caminhar quando ainda não vemos o que está por vir. À medida que a fé entra em ação, Deus começa a abrir as portas e abre caminho onde parecia não haver nenhum. Muitas pessoas nunca viveram a experiência de ver as portas se abrindo à medida que avançavam, pois continuam esperando que Deus abra primeiro *todas as portas*, deixando tudo claro como água, em vez de lhe obedecer e dar um passo de fé, crendo que Ele abrirá caminhos onde parece não haver saída.

O grande Santo Agostinho disse: "Fé é crer no invisível. A recompensa dessa fé é ver aquilo que você crê concretizado."

Tenho pregado essa mensagem de fé por mais de trinta anos, e eu sempre ouço as pessoas dizerem: "Deus, mostra-me e eu acreditarei." Mas Deus diz: "Creia, então Eu lhe mostrarei."

A razão pela qual muitos cristãos nunca veem o poder sobrenatural de Deus em sua vida é porque esperam que Ele lhes mostre algo para que possam crer. Mas a fé não age dessa maneira; primeiro creia antes de ver com os olhos naturais. A recompensa da fé é a manifestação daquilo que cremos em nossa vida.

Nosso pensamento e a fé

Martinho Lutero, o grande reformador alemão, disse: "A razão é inimiga da fé." Realizo muitos seminários proféticos em diferentes países, treinando e libertando pessoas para profetizar. Em todos os países em que estive, sem exceção, observei a mesma característica. Sabe qual é o maior motivo pelo qual as pessoas não profetizam? Porque elas dizem: *Como sei se é Deus e não a minha mente? Creio que tenho uma palavra profética, mas como saberei se ela veio de Deus ou de mim? Provavelmente isso veio de Deus, mas e se eu estiver errado?*

Você quer aprender a reconhecer quando algo vem de Deus? Nós reconhecemos pela fé. A Bíblia diz que aqueles que profetizam, o fazem pela fé. O problema é que Deus dá uma profecia, e as pessoas começam a pensar: *Talvez isso não seja de Deus; talvez seja apenas a minha imaginação, ou pode ser que eu esteja inventando isso.*

É por isso que precisamos manter nossa mente e nosso pensamento cativos à vontade e ao Espírito de Deus. Isso é extremamente importante, pois geralmente nosso pensamento é inimigo da fé genuína. Geralmente começamos a caminhada da fé e nossa mente começa a entrar em conflito: *Você tem certeza? Talvez isso seja doloroso demais, você não deveria fazer isso. Use o seu cérebro!* Acreditamos mais naquilo que nossa mente nos diz do que no nosso coração. Não estou dizendo que nosso raciocínio, nossa mente, não é importante. A capacidade de ponderar é muito importante e foi Deus que nos deu, entretanto nossos pensamentos precisam ser levados cativos à Palavra e ao Espírito de Deus. Veja o que a Bíblia diz em Provérbios 3:5: "Confia no Senhor de todo o seu coração e não te estribes no teu próprio entendimento."

A Bíblia nos mostra que há uma batalha incrível travada entre nossa mente e nosso coração quando decidimos agir pela fé. E a única maneira pela qual podemos trilhar uma vida com Deus e nos tornarmos verdadeiros heróis da fé é renovar os nossos pensamentos. Afinal, recordando o que Martinho Lutero afirmou, "a razão é inimiga da fé". Por quê? Por causa do nosso pequeno cérebro, tão insignificante diante da grandeza de Deus.

Não importa o quão esperto ou inteligente você seja: sua mente não é capaz de desvendar o sobrenatural! Ela não pode fazê-lo! O mundo espiritual precisa ser tomado pela fé no coração, e não desvelado com a mente. E é por isso que precisamos submeter nossos pensamentos e razões ao Espírito de Deus. É por esse motivo que nossa mente precisa ser renovada pela Palavra e pelo Espírito de Deus.

O evangelista George Müller disse: "Para aprendermos a ter uma fé forte, precisamos suportar grandes provas" — algo que a Bíblia também nos diz. George Müller prossegue dizendo: "Tenho aprendido a ter fé ao permanecer firme em meio a testes rigorosos." Na Bíblia, vemos Jesus repreender seus discípulos repetidamente. E qual era o motivo pelo qual Jesus mais repreendia seus discípulos? Pela falta de fé deles. Em Mateus 17:17, Ele lhes diz: "Ó geração incrédula e perversa! Até quando estarei convosco?" Deus estava mudando o caráter e o coração dos discípulos, mas a imaturidade não era o maior problema deles, e sim a falta de fé. Deus pode lidar com a nossa imaturidade, pois está sempre mudando nosso coração e o nosso caráter, mas Ele não consegue operar em um coração sem fé.

SEM FÉ NÃO HÁ MILAGRES

Se você estudar a Bíblia e observar como Jesus operava milagres vai encontrar um denominador comum — a fé. Em Mateus 9:29, vemos a história na qual Jesus curou os cegos: "Então, lhes tocou os olhos, dizendo: 'Faça-se-vos conforme a vossa fé.'" Em Mateus 15:28, lemos: "Então, lhe disse Jesus: 'Ó mulher, grande é tua fé! Faça-se contigo como queres.'" Em Marcos 10:52, encontramos o seguinte relato: "Então, Jesus lhe disse: Vai, a tua fé te salvou."

Vemos a fé sendo evidenciada repetidas vezes nos evangelhos; foi a fé das pessoas que trouxe os milagres à existência. Jesus é o Filho de Deus. Quando andou na terra, Ele era Deus encarnado e os milagres que Ele fez foram admiráveis. Jesus ressuscitou mortos, curou enfermos, transformou água em vinho, enfim, realizou milagre após milagre. Entretanto, houve um lugar no qual até mesmo o Filho de Deus não pôde operar milagres.

A Bíblia diz que em Nazaré Jesus curou apenas algumas poucas pessoas. Por quê? Por conta da descrença do povo. A falta de fé limitou a expressão do poder de Deus (Mateus 13:58). Preste atenção, o próprio Jesus pode estar no lugar, mas se há corações sem fé, mesmo que Ele esteja presente e queira operar milagres, Ele não poderá operar. Jesus não pode fazer o milagre que você quer, pois você não está preparado para recebê-lo. A fé é muito importante, pois sem ela é impossível agradar a Deus.

Há uma história em Atos 14:8-10, na qual o apóstolo Paulo estava pregando e a Bíblia diz que havia um homem, aleijado desde o nascimento, ouvindo-o. Lembre-se de que esse homem passara a vida toda aleijado. A Bíblia diz no verso 9: "Esse homem ouviu falar de Paulo, que, fixando nele os olhos e vendo que possuía fé para ser curado, disse-lhe em alta voz: 'Apruma-te direito sobre os pés!' Ele saltou e andava." Como isso aconteceu? Pela fé. Paulo estava pregando, e no espírito ele viu fé no coração do homem. Paulo sabia que a fé traria o milagre do céu à Terra.

Observe o que Thiago 1:6 diz ao nos instruir sobre pedir sabedoria a Deus: "Peça-a, porém, com fé, em nada duvidando; pois o que duvida é semelhante à onda do mar, impelida e agitada pelo vento." Veja o versículo 7: "Não suponha esse homem que alcançará do Senhor alguma coisa." Essas palavras são fortes! Thiago está falando para os crentes, e o que ele está dizendo? Que se você não tem fé, você é instável, não pense que alcançará alguma coisa. Por que esse versículo é tão forte? Porque qualquer coisa que recebemos de Deus, recebemos pela fé. Isso não significa que Deus não quer nos dar o que pedimos, mas é a nossa falta de fé que nos impede de receber.

A FÉ É O FUNDAMENTO DO CRISTIANISMO

É por isso que a fé é tão importante. Jesus preparou grandes coisas para nós, mas essa provisão não vai se manifestar em nossa vida a menos que tenhamos fé. A fé é a base, o fundamento do Cristianismo, sem fé ninguém pode ser salvo. Você não pode ser um cristão sem fé. Como você é salvo? Pela fé! No que você crê? Que Jesus morreu por você e que Deus perdoou os seus pecados. Você crê que vai para o céu. Mas você realmente crê nisso? Tem certeza? Como você pode saber se é verdade? Você sabe pela fé. Será que você *sente* todos os dias da sua vida que está indo para o céu? Não, mas ainda assim você tem *certeza* de que está a caminho, que é para o céu que irá depois de morrer, mas essa certeza só é adquirida por meio da fé.

A Bíblia diz que o Evangelho é loucura para os incrédulos. Em 1 Coríntios 1:18-23, as Escrituras dizem que a mensagem da cruz é loucura e escândalo. De fato, para os que não creem, a Bíblia não faz sentido. *Quer dizer que não preciso trabalhar para merecer o céu, não preciso abrir caminho para o céu com meu esforço, tudo o que tenho a fazer é crer... Apenas crer?* Esse é o escândalo para aqueles que não creem, mas para todos os que creem, é poder para a salvação. Sim, a salvação é somente pela fé, e é muito importante que entendamos isso.

DEVEMOS VIVER PELA FÉ

Por três vezes a Bíblia diz que o justo viverá pela fé (ver Romanos 1:17; Gálatas 3:11; Hebreus 10:38), e essa repetição indica que se trata de um princípio muito importante. Por que a Bíblia registra essa afirmação três vezes? Porque muitos cristãos são salvos pela fé, mas não vivem por ela. Deus não quer que você seja apenas salvo pela fé, Ele quer que você viva cada momento da sua vida por meio dela.

Precisamos compreender que a vida cristã não significa ser salvo pela fé e depois viver se esforçando para ser um bom cristão — na verdade, temos de aprender a viver pela fé a cada momento de cada dia.

Uma das minhas passagens bíblicas favoritas é Gálatas 2:20: *Logo, já não sou eu quem vive, mas Cristo vive em mim; e esse viver que, agora, tenho na carne, vivo pela fé no Filho de Deus, que me amou e a si mesmo se entregou por mim.* Isso é incrível! Paulo não fala sobre viver pela fé na igreja; na verdade, o apóstolo diz que a vida que vivemos na carne, devemos viver pela fé. Não a vida dentro da igreja, na qual todos estão animados, o louvor é ótimo e há uma forte unção sendo derramada, mas a vida na carne, nas lutas diárias — é nessas dificuldades que devemos viver pela fé.

Enfrentamos lutas e desafios todos os dias. A carne milita contra o espírito e o inimigo lança obstáculos em nosso caminho e dardos inflamados contra nós. De repente, há lutas por todos os lados "na carne", ou seja, na vida concreta do dia a dia. Então, como vivê-la? Pela fé! Temos de viver cada momento de nossa vida pela fé, essa é a única maneira de sermos vitoriosos.

Em 1 João 5:4 lemos: *Porque todo o que é nascido de Deus vence o mundo.* Você é nascido de Deus? Então, o que a Bíblia diz sobre você? Ela não diz que alguns cristãos que são nascidos de Deus e são bons cristãos vencem o mundo. Na verdade, Todos que são nascidos de Deus vencem o mundo! E como podemos viver como vencedores neste mundo? Veja o que o versículo seguinte explica: "... e esta é a vitória que vence o mundo: *a nossa fé*" (grifo nosso). Somos vencedores somente pela fé!

Sou um grande defensor de viver uma vida pela fé. Já fiz coisas inimagináveis pela fé, simplesmente porque Deus me disse para fazê-las e ousei crer nele. Por isso, quando Deus me diz para fazer algo, obedeço, mesmo que todos digam que é tolice ou absurdo.

Já abriguei pessoas viciadas em drogas em minha casa, vivi por um longo período sem renda fixa e até hoje não tenho salário, pois Deus me disse para abrir mão de tudo e ir para onde Ele estava me enviando. Não recebo salário e nunca pedi dinheiro ou fiz coisas para arrecadá-lo. Prego em alguns lugares nos quais não recebo nada, pois eles nada têm! Compro minhas passagens aéreas e, algumas vezes, quando Deus ordena, sou eu que oferto e semeio sobre a vida daqueles que me convidaram.

Uma vez, o pastor Marcelo Almeida me perguntou, brincando:

— Tem alguma coisa de que você precise, talvez um milhão de dólares?

— Não, provavelmente me desfaria de tudo.

— Você precisa de mais graça?

— Ah sim! Porque a graça de Deus é o suficiente e ela suprirá todas as coisas de que precisamos. O favor de Deus abrirá as portas certas e nos dará forças para cumprir o seu propósito em nossa vida.

Mas essa graça também só pode ser recebida de Deus pela fé.

Devemos viver nossa vida pela fé, é isso que o apóstolo Paulo e a epístola de João nos ensinam: *é a nossa fé que vence o mundo*. Todos nós enfrentamos as provações neste mundo, mas a fé é a nossa vitória. Então, se você tem fé, não importa o que o mundo lhe apresente, você sempre será vencedor.

Nada é um problema para quem tem fé. A economia mundial certamente não controla minha vida, pois ela está nas mãos de Deus. A fé torna qualquer coisa possível, e se você aprender a viver dessa maneira pode não saber o que acontecerá ou para onde vai, não há problema; você sabe a *Quem* está seguindo. Você é um descendente espiritual de Abraão, não precisa saber para onde está indo, tudo o que você precisa fazer é ouvir a voz de Deus dizendo "Vamos", e então você se move! A fé tornará tudo possível.

Há cerca de três anos, eu estava voando de Charlote a Londres para pregar na cidade. Meu voo estava previsto para seis da tarde, mas os funcionários da companhia aérea anunciaram nos alto-falantes que a aeronave estava com problemas técnicos e teríamos um atraso de duas horas. Todos esperaram, até que, por fim, um pouco mais tarde, eles disseram: *Não foi possível consertar o problema e não partiremos antes das dez da noite.* Isso atrasaria o voo em mais quatro horas. Todos ganharam um vale refeição, e nos disseram para voltar as dez para embarcar. Porém, quando retornamos nesse horário, eles ainda não haviam solucionado o problema.

Então, ficamos sentados aguardando até as duas da manhã! Somente oito horas depois pudemos finalmente entrar no avião. Quando estávamos na fila para embarcar, ouvi duas senhoras atrás de mim dizerem uma a outra: "Estou com muito medo de entrar nesse avião, não quero viajar nele. Eles tiveram problemas técnicos nesse avião e quem sabe se o consertaram mesmo? E se o avião colidir?" Era possível sentir a atmosfera de medo se espalhando entre os passageiros.

Então, virei para trás e disse:

— Senhoras, esta é a aeronave mais segura do mundo.

Elas olharam para mim como se dissessem: *O que há de errado com você?* Então, prossegui:

— Repito, este é o avião mais seguro do mundo.

Uma das senhoras perguntou como eu poderia afirmar isso, e eu respondi:

— Porque estou embarcando nele, e enquanto eu estiver aqui não haverá problema algum.

Agora elas me olhavam de uma maneira mais estranha ainda. Então, falei alto para que todos pudessem ouvir:

— Estou indo para a Inglaterra para pregar o Evangelho de Jesus Cristo. Tenho um propósito a cumprir nesta vida e ele ainda não se cumpriu. É impossível que eu morra, logo, o avião não cairá.

Enquanto eu permanecer nele, vocês estão seguras, apenas fiquem perto de mim e estarão bem.

Elas me olharam como se eu estivesse louco, mas eu estava com uma expressão séria. Depois que todos entraram e se sentaram, vi uma das senhoras andando pelo corredor do avião, e eu disse:

— Senhora, está procurando por mim?

— Ai está você! Minha amiga está muito pre-ocupada e ela queria que eu viesse perguntar se o senhor estava falando sério — ela disse.

— Claro, estou falando sério. Este avião não cairá porque estou nele.

— Tudo bem, vou pensar assim também — ela disse enquanto voltava para o seu assento.

Quando encontrei com elas pela manhã ao descermos da aeronave, elas disseram:

— Muito obrigada, dormimos muito bem.

2

DE ONDE VEM A FÉ

Temos de viver nossa vida pela fé, não apenas na igreja, mas na carne, ou seja: em casa com a nossa família, quando recebemos notícias negativas e quando as coisas que planejávamos não acontecem, ou quando não nos damos bem com o chefe ou com colegas de trabalho — são nesses momentos que precisamos de fé. Precisamos viver cada momento da nossa vida pela fé!

Gálatas 2:20 diz que temos de viver nossa vida pela fé. Como a fé opera? De onde ela vem? Podemos apenas escolher ter fé? Essa é a grande questão. Podemos fazer com que a fé simplesmente aconteça? Não. Não há como usar a fé como uma carta na manga; não podemos apenas acioná-la com um botãozinho. Como, então, nos tornamos pessoas de fé? Descobri que todos gostam de ouvir grandes histórias nas quais a fé produziu milagres ou histórias em que vemos o poder sobrenatural de Deus. Mas, como podemos viver isso?

A FÉ É UM DOM DE DEUS

A primeira coisa que você precisa compreender sobre a fé é que ela é um dom de Deus. Romanos 12:3 diz: "Porque, pela graça que me foi dada, digo a cada um dentre vós que não pense de si mesmo além do que convém; antes, pense com moderação, segundo a medida da fé que Deus repartiu a cada um."

Deus deu a cada um de nós uma medida de fé, pois sem ela não podemos ser salvos. A Bíblia diz em Romanos 10:17 que "a fé *vem* pela pregação, e a pregação, pela palavra de Cristo". A fé vem até você, você não pode fabricá-la. Portanto, precisamos entender que a fé é um dom de Deus, um presente dado por Ele. Foi Deus quem colocou uma medida de fé em cada coração. No coração de cada cristão há uma medida de fé, a qual não foi recebida mediante esforço ou por merecimento. É um presente de Deus para você, já está em você, não tente procurar em algum lugar, não tente acioná-la apertando um "botão" ou na sua própria força, porque Deus já lhe deu essa fé. A pergunta é: o que fazemos com o que temos? Como usamos a fé que temos? A fé é como um músculo — cresce somente à medida que você a exercita. Se você não a usa, ela enfraquece.

O DOM DA FÉ VERSUS A MEDIDA DE FÉ

Compreendo que um dos dons do Espírito é o dom da fé, que é diferente da medida de fé que Deus deu a cada cristão. Paulo diz que Deus deu a cada um uma medida de fé, portanto, todos nós a temos. Porém, o *dom da fé* é algo diferente da *medida de fé* que todos nós recebemos; o dom da fé é como todos os outros dons do Espírito mencionados em 1 Coríntios 12 e 14.

Deus nos dá o *dom* da fé para que o utilizemos em um tempo ou propósito específico, não é algo que temos o tempo todo à nossa disposição, como a *medida de fé*. Por exemplo, quando eu estava na escola bíblica, em 1983, um dos meus amigos ficou muito doente e todos oraram por ele, mas nada aconteceu e ele não melhorou. Um dia, entrei em seu quarto para visitá-lo e, no momento que pisei ali, tive fé de que ele seria curado. Foi como se uma fé sobrenatural se apoderasse de mim e eu então soube que ele seria curado naquela hora. Fui até ele e disse:

— Seja curado em nome de Jesus!

— O que você está fazendo? — ele perguntou olhando para mim.

— Levante-se — eu disse. Ele se levantou e estava curado.

— Meu Deus, nem eu acreditava que isso fosse possível — ele disse.

— Eu sei. Não sei o que aconteceu, mas senti a fé se apoderar de mim.

Esse é o dom da fé que Deus nos dá.

Certa vez estava pregando em uma igreja e havia uma mulher cujo ombro estava quebrado. Deus me deu uma palavra de conhecimento de que Ele a curaria e me deu também o dom da fé — ela simplesmente veio ao meu coração. Havia mais ou menos 1500 pessoas na igreja, chamei essa senhora à frente enquanto eu estava pregando e vi que seu ombro esquerdo estava fraturado. Orei por ela e pedi que ela movesse o ombro. Ela disse:

— Não posso, está quebrado.

— Sim, eu sei. Mas movimente o ombro mesmo assim — insisti.

— Pastor, o senhor não entende, ele está quebrado, não tenho como movê-lo, sinto muita dor.

— Movimente seu ombro!

— Pastor está quebrado, não consigo — ela disse chorando.

Eu tinha o dom da fé naquele momento. Nada é impossível para a fé, então disse:

— Se você não movimentar seu braço, vou sacudi-lo e puxá-lo para cima.

Parece algo horrível de se dizer, mas eu tinha fé para isso. Então, cuidadosamente ela começou a erguer o ombro e a movimentar o braço, enquanto chorava e soluçava de emoção. Ela estava completamente curada.

ANDANDO EM INTIMIDADE COM DEUS PARA RECEBER AUMENTO EM SUA FÉ

O dom da fé, portando, é o que Deus nos dá para tempos e propósitos específicos, mas a medida de fé é dada a cada um de seus filhos. Se a fé é um dom de Deus, mas Deus nos dá uma medida de fé, como podemos constantemente aumentar essa medida?

Para que isso aconteça precisamos andar em intimidade com Deus, não há atalhos: precisamos investir tempo em oração e buscar a Deus para que nosso coração seja cheio da fé que vem dele. Neste mundo, nossa mente constantemente se enche de falta de fé. Há uma batalha permanente pelos nossos corações; o diabo está lutando para encher nosso coração de descrença. Entretanto, o próprio Deus continuará a aumentar a medida de fé daqueles que andam em intimidade com Ele — isso é um presente de Deus.

Há uma história na Bíblia que me intriga, por isso tenho estudado e orado para ter entendimento sobre ela. Em Mateus 17, Jesus desceu do monte da transfiguração na companhia de três discípulos: Pedro, Tiago e João. Enquanto eles desciam, algo acontecia no pé do monte. Um homem trouxera o filho epilético para que os nove discípulos que haviam permanecido ali embaixo orassem por ele e o libertassem. Quando Jesus chegou e viu que havia uma comoção, perguntou o que estava acontecendo.

O homem disse: *Senhor, compadece-te de meu filho, porque é lunático e sofre muito; pois muitas vezes cai no fogo e outras muitas, na água* (v. 15). Então o homem fez uma das afirmações mais tristes:

Apresentei-o a teus discípulos, mas eles não puderam curá-lo (v.16).

Que coisa triste! Vivi isso muitas vezes, e entristece meu coração. Quantas pessoas enfermas vieram a mim e não receberam cura. Entretanto, Jesus disse em João 14:12: *Aquele que crê em mim, ou seja, você e eu, fará também as obras que eu faço e outras maiores fará.* Como é triste ver que a maioria dos cristãos não experimenta essa realidade, porém mais triste ainda é saber que isso não os perturba e não os motiva a viver uma vida de jejum e oração.

Sei que estou em uma jornada e ainda não alcancei o prêmio, certamente ainda não cheguei ao fim, mas estou determinado a terminar minha carreira como João 14:12 descreve. E essa é a promessa para você também! Você foi chamado para fazer obras maiores que Jesus, cumprindo exatamente o que Ele fez. Muitas vezes tenho sido como esses discípulos: *Senhor, trouxe meu filho doente para seus discípulos e eles não conseguiram fazer um milagre!*

Novamente Jesus repreendeu seus discípulos, dizendo: *Ó geração incrédula e perversa! Até quando estarei convosco?... Trazei-me aqui o menino* (v. 17), e imediatamente Ele expulsou o demônio e o menino foi curado. Os discípulos ficaram intrigados e perguntaram a Jesus por que eles não conseguiram expulsar o demônio. Uma pergunta justa, não acham?

Então, os discípulos, aproximando-se de Jesus, perguntaram em particular: 'Por que motivo não pudemos nós expulsá-los?' (v. 19). Jesus deixou bem claro o motivo, pois Ele nunca usava meias palavras com medo de ofender alguém. Ele é a verdade e sempre diz a verdade, portanto disse: *Por causa da pequenez da vossa fé* (v. 20).

Contudo, olhem o que o versículo 20 continua dizendo: *Mas esta casta não se expele senão por meio de oração e jejum.* Aqui está a minha pergunta: Qual era a chave para o milagre nessa história, fé ou jejum e oração? Jesus disse que por causa da falta de fé eles não puderam expulsar o demônio, isso está claro, portanto a fé é a chave. Entretanto, ele também disse que aqueles demônios não são expelidos senão por meio de jejum e oração. Então, é a oração e o jejum que produzem o milagre ou a fé? Creio que a resposta é muito simples: o jejum e a oração, o tempo que investimos na presença de Deus, vão encher o nosso coração com fé a fim de que possamos ver o poder de Deus em nossa vida e possamos nos mover no sobrenatural.

À medida que eu caminho com Deus, invisto mais tempo em jejum e oração. Por quê? Porque preciso que meu coração seja cheio da fé de Deus, para que então eu possa me mover de acordo com o poder que Ele quer manifestar através de mim. Não é uma questão de escolher entre um ou outro: fé ou jejum e oração. O tempo que investimos buscando a Deus com jejum e oração, buscando a face do Senhor, encherá o nosso coração com a fé que vem de Deus e viveremos uma vida no sobrenatural.

A fé produz milagres, mas eu não consigo produzi-la por mim mesmo, não posso fazer com que a fé simplesmente aconteça. Mas à medida que jejuo e oro, clamo a Deus e admito minhas fraquezas, dizendo: *Deus eu preciso de Ti, preciso da Tua fé,* então Ele enche meu coração de fé. É nesse ponto que os milagres acontecem, portanto não se trata de escolher entre fé ou jejum e oração. Aqueles que caminham em intimidade com Deus terão o coração cheio de fé, porque Deus nos dá a fé. Mas o Senhor deseja liberar muito mais do poder dele sobre a sua vida.

Recentemente estava na Áustria, um lugar no qual as pessoas dizem que os milagres não acontecem. Uma mulher não cristã participou de uma das minhas reuniões e foi curada de diabetes tipo 1, depois de 37 anos de sofrimento. Em seguida, ela entregou sua vida a Jesus.

Precisamos mostrar ao mundo que Jesus vive! Quando vamos plantar igrejas, temos de ser corajosos. Sou grato a Deus pelos milagres que vejo na igreja, mas meu coração clama para que os milagres sejam vistos nas ruas. Precisamos levar o poder de Deus para as pessoas que nunca o conheceram, e se apenas abrirmos nosso coração para Deus, Ele o encherá com fé e nos dará milagres para que o mundo veja que Deus está vivo e nos ama.

Recentemente passei dois dias passeando com minha esposa, pois ficamos quase cinquenta dias sem nos ver por causa das viagens para muitos países nos quais preguei o Evangelho. Decidimos passear na praia e paramos em um restaurante para jantar. Ao fundo, havia um grupo de mais ou menos doze mulheres, e elas estavam celebrando o aniversário de uma delas, cantando parabéns. Quando as mulheres se levantaram para pagar e ir embora, o Senhor falou: "Quero tocar a vida de alguém aqui." Fiquei empolgado, pensei que alguém provavelmente estava doente e o Senhor pediria que eu orasse por ela, mas não era o que Ele tinha em mente.

Então, Ele me disse: "Pague o jantar para a aniversariante, e diga a ela que você está fazendo isso porque Deus a ama muito." Minha esposa estava de frente para mim quando eu dei um pulo, levantei do meu lugar e corri para uma daquelas doze mulheres que estava com a conta da aniversariante, pois ela estava no banheiro.

— Senhora, quero que você me dê a conta da aniversariante.

— Por quê? — ela me perguntou.

— Porque quero pagá-la. E quero que diga a ela que Deus a ama muito e que Ele está pagando a conta do jantar de aniversário dela. Não diga que fui eu.

— Tudo bem, você é cristão? — ela disse

— Sim, eu sou.

— Eu também, e isso é incrível. Vou contar às pessoas da minha igreja no domingo que ainda há gente que mostra o amor de Deus — ela disse.

— Tudo bem, só não diga a sua amiga que foi eu que paguei, apenas diga a ela que Deus a ama e que foi Ele quem a levou para jantar no aniversário dela.

Veja, temos de levar o poder e o amor de Deus para as ruas, mas sem fé isso não acontecerá. Sem fé nunca nos posicionaremos e faremos coisas loucas, sem fé nunca veremos os milagres que Deus quer que vejamos tão desesperadamente.

Deus deseja mostrar ao mundo como Ele nos ama, e fará isso por meio do seu amor, bem como de palavras e atos de poder. Mateus 17 deixa claro que o problema era a falta de fé, e que sem jejum e oração não temos a fé que expulsa castas de demônios. Portanto, não é uma coisa ou outra, mas ambas.

Alguns cristãos afirmam que não precisam jejuar. Já ouvi um pregador dizer o seguinte: *Jesus disse que quando o noivo fosse retirado, então os discípulos jejuariam, mas depois que Jesus ressuscitou dentre os mortos, Ele disse que sempre estaria conosco, portanto não precisamos mais jejuar, pois Ele está conosco e não foi retirado de nós.*

Mas se você realmente quiser ver o poder de Deus, terá de ter fé, caso contrário é impossível. Se você compreender isso, então olhará para si mesmo e pensará: *Meu Deus, preciso de mais fé*. E o que fazer para ter mais fé? Andar em intimidade com Deus, viver um estilo de vida de jejum e oração, uma vida de consagração ao Senhor.

À medida que você permanecer na presença de Deus, a fé, que é o dom de Deus, encherá o seu coração, então você poderá começar a usá-la. Devemos buscá-lo com todo o nosso coração. Jeremias 29:13 diz: *Buscar-me-eis e me achareis quando me buscardes de todo o vosso coração.* Como você pode dizer que busca a Deus se nunca jejua? Algumas pessoas me dizem: "Por que você jejua tanto? Você é um homem de Deus tão forte." Sempre respondo que eu jejuo tanto porque *preciso* ser forte!

Não tenho nada em mim mesmo, preciso da fé de Deus dentro do meu coração, porque com fé tudo é possível. Jesus disse que todas as coisas são possíveis aos que creem. Entretanto, você o busca de todo o coração? Você está disposto a pagar o preço? Você está desesperado o suficiente para tentar capturar Deus?

Todos os dias faço orações específicas, uma delas é: "Deus, por favor, enche o meu coração com fé, enche o meu coração com fé para que eu possa andar no teu poder sobrenatural." Se não formos humildes não teremos fé, porque fé não depende de quão grande *nós somos*, a fé nos mostra nossa *dependência de Deus*. Lembre-se de que Deus deu a todos nós uma medida de fé!

HUMILDADE: UMA IMPORTANTE CHAVE PARA A FÉ

Em Lucas 17:5-10 os discípulos disseram a Jesus: "Senhor, aumenta-nos a fé." Essa é uma passagem intrigante da Bíblia, por isso devemos analisá-la com atenção. Os discípulos pedem a Jesus para aumentar a fé deles, e o que Jesus faz? Ele não diz: "Tudo bem, tenham mais fé, transferirei automaticamente uma medida extra para vocês." Ele não faz nada disso, na verdade Ele lhes conta uma história que aparentemente não tinha nada a ver com a pergunta que eles fizeram.

Se estudarmos cuidadosamente as palavras de Jesus, extrairemos uma importante lição. Permita-me parafrasear a história que Jesus contou para responder aos discípulos que lhe pediram mais fé. Em outras palavras, Ele disse: *Se você é um servo e está voltando do campo, por um acaso seu senhor lhe dirá vá e prepare uma ótima refeição para você? Não, o senhor dirá a você: Primeiro arrume algo para mim, para depois comer. Cuide de mim primeiro, para que então você possa comer algo.*

Jesus conclui a história no versículo 10: "Depois de haverdes feito quanto vos foi ordenado, dizei: 'somos servos inúteis, porque fizemos apenas o que devíamos fazer.'"

O que Jesus está tentando dizer? Ele está tentando dizer que se você quer que Ele aumente a sua fé, você precisa entender que é servo dele, Ele é o seu Senhor, você está fazendo apenas o que deve ser feito e, portanto, Ele proverá o que você precisa.

Parece-me que há duas coisas que essa história ilustra. Em primeiro lugar, qual é a motivação por trás do desejo de ter mais fé? Queremos ser estrelas do Cristianismo que se gabam da grande fé e dos grandes milagres que realizamos? Essa motivação para pedir mais fé está errada. Você quer mais fé para usá-la em seu benefício, para reivindicar com fé em Deus carros grandes, casas melhores e coisas boas? Esse motivo também não é correto. Somos apenas servos humildes e Ele é o Senhor.

Em segundo lugar, devemos andar em humildade para que Deus aumente a nossa fé. Você deve andar diante dele em humildade para que Ele lhe dê fé. Não pense que é por sua causa que quando você se move em fé no poder de Deus e os milagres acontecem. Podemos facilmente pensar: *Uau, sou um homem de fé mesmo! Você viu o que aconteceu? Sou um homem de muita de fé!* Entretanto, Jesus disse que se quisermos aumentar a nossa fé, não podemos agir assim. Compreenda que você é apenas servo dele e, portanto, depende completamente do Senhor. Ele é quem libera fé no seu coração, você precisa dele, pois é apenas um servo inútil. É essa atitude de humildade e dependência no Senhor que aumentará nossa fé.

Se você estudar a história da igreja moderna, saberá que alguns dos grandes homens e mulheres de Deus caíram em pecado. Um fenômeno incrível é ver que muitos deles caíram depois de obterem grandes vitórias, depois de terem sido usados poderosamente por Deus.

Uma das minhas orações diárias é: *Senhor, por favor, ajuda-me a andar em humildade. Por favor, ensina-me a andar em humildade.* Deus dá graça aos humildes. Quando somos usados por Deus, podemos facilmente pensar: *Certamente sou alguém especial.* Mas se quiser que sua fé aumente você precisa compreender que não é o centro, Deus e o seu Reino são. Somos apenas servos inúteis, e não precisamos buscar um aumento de fé para nós mesmos. Precisamos de fé para construir o Reino do Senhor e cumprir o seu propósito em nossa vida.

É por isso que Jesus lhes contou essa história, Ele tentou transmitir a eles: "Sim vou aumentar-lhes a fé, mas vocês precisam manter-se humildes. Certifiquem-se de que entenderam que são apenas meus servos, eu sou o Senhor, sou eu que coloco fé no seu coração. Eu usarei vocês e não se vangloriem na sua grande fé, não se gabem do grande homem ou mulher de Deus que vocês são, andem humildemente diante de mim."

Homens e mulheres de fé sempre serão homens e mulheres humildes, pois essas duas coisas caminham juntas. Paulo disse: *Em nada me glorio, a não ser nas minhas fraquezas e em Cristo Jesus* (2 Coríntios 11:30). Ele também disse: *Mas aquele que se gloria, glorie-se no Senhor* (2 Coríntios 10:17). Um dos grandes perigos do aumento da nossa fé é o orgulho, e Jesus deixou isso muito claro nessa história. Precisamos aumentar nossa fé. Pessoalmente já vi mais de mil milagres, já vi pessoas com câncer, epiléticas e asmáticas serem curadas; vi pessoas com ossos fraturados e partes do corpo aleijadas voltarem ao seu movimento normal. Já vi coisas incríveis e sou muito grato, mas também estou insatisfeito, pois ainda existem muitos cegos que não podem ver, muitos aleijados que não andam, preciso de Deus e que a fé dele seja aumentada em meu coração. Não posso confiar em mim mesmo ou na minha própria força.

Disse à minha esposa: "Jejuarei e orarei, e não vou parar até que eu veja os cegos verem e os aleijados se levantarem e andar." Por mim mesmo não posso fazer nada dessas coisas acontecerem, mas uma coisa posso fazer: jejuar, orar e clamar a Deus para aumentar a minha fé!

Entendo que muitos milagres não aconteceram por causa da minha descrença e pela falta de oração e jejum — pela falta de fé. Contudo, sempre viverei uma vida de jejum e oração. Jesus conecta essas duas coisas à história de Mateus 17. Não jejuo e oro por bênçãos pessoais, jejuo e oro para que eu tenha um coração de fé que vê o poder de Deus e muitas vidas transformadas para que Jesus possa ser glorificado.

A FÉ DE DEUS

Venha comigo até Marcos 11:22, que diz: *Tende fé em Deus.* Jesus tinha acabado de amaldiçoar a figueira e os discípulos estavam maravilhados ao ver que ela havia morrido. *Mestre, eis que a figueira que amaldiçoaste secou* — disse-lhe Pedro, e Jesus deu a seguinte resposta: *Tende fé em Deus.*

Quero que você compreenda que no grego a palavra "em" não existe. Nos manuscritos gregos originais, o texto não diz *tenha fé em Deus,* ele diz *tenha fé Deus*; o que significa, *tenha a fé de Deus.* É a fé de Deus que cria os milagres, não é a sua fé. A fé é um *dom* de Deus e ela *vem* pelo ouvir. Portanto, se ela vem até você, ela não se origina de você. De onde ela vem? A fé vem da parte de Deus. O que Jesus estava dizendo era: "Tenha a fé do tipo de Deus." Então, no versículo 23, Ele diz: "Porque em verdade vos afirmo que, se alguém disser a este monte: Erguete e lança-te no mar, e não duvidar no seu coração, mas crer que se fará o que diz, assim será com ele." E no versículo 24, Ele prossegue: "Por isso, vos digo que tudo quanto em oração pedirdes, crede que recebestes, e será assim convosco."

Deixe-me dizer uma coisa muito importante sobre a fé: acredito piamente que os milagres não produzem fé, e vou lhe contar por quê. Na verdade, creio que a fé é uma questão do seu coração. No Antigo Testamento podemos encontrar o melhor exemplo disso: o povo de Israel. Por que eles não entraram na terra prometida? Pela falta de fé. A Bíblia diz que tanto no Antigo quanto no Novo

Testamento, no livro de Hebreus, que eles não entraram na terra prometida, no descanso de Deus, por causa da falta de fé.

Ora, se os milagres produzem fé, o povo de Israel que ficou no deserto deveria ser o povo mais cheio de fé do mundo. As pragas do Egito foram milagres incríveis, visto por todos. Todos eles passaram pelo deserto e chegaram ao mar vermelho, tendo o mar diante deles e os inimigos atrás, e o mar se abriu em duas partes e eles passaram em terra seca. O exército de Faraó os perseguiu e o oceano os cobriu, matando todos os seus inimigos. Portanto, se milagres produzissem fé, todos os israelitas seríamos gigantes da fé, pois de noite eles tinham uma coluna de fogo que os aquecia e, de dia, uma nuvem que os protegia e os guiava. De onde vinha a nuvem? Era a provisão sobrenatural de Deus. Eles ficaram sem água! E de repente brotou água da fenda da rocha, de maneira sobrenatural. Eles reclamaram por não terem comida e a comida caiu do céu como chuva, mas ainda assim eles não creram.

Portanto, milagres não produzem fé, caso contrário o povo de Israel entraria na terra prometida. A fé vem de Deus; Ele é quem dá a cada um uma medida de fé. A pergunta é: o que fazemos com essa fé? Milagres são um presente de Deus para nós. Eles já existem no mundo espiritual; a fé é o que os traz do mundo espiritual para o natural, mas não faz com que eles existam. Somente Deus os cria, pois Ele é o Criador de todas as coisas. Ele cria os milagres e nos oferece como um presente do céu. A fé, que é um dom de Deus, é o que faz com que esses milagres possam vir a nós.

A fé verdadeira, que Deus dá àqueles que andam em intimidade com Ele, será vista na vida dos seus humildes servos. Você quer mais fé? Tenha intimidade com Deus. É por isso que para mim é muito importante ter intimidade com Deus e investir tempo na sua presença.

Viajo muito e geralmente as pessoas preenchem todo o meu dia com uma reunião após a outra. Digo a elas que preciso ter várias horas do dia para orar e buscar a Deus. Não estou dizendo que todos têm de fazer isso, mas eu tenho. Recuso-me a viver minha vida de qualquer outra forma. As pessoas pensam: *O Pr. Reinhard vem e começa profetizar, e os milagres acontecem, que maravilha!* Mas elas não entendem o quanto sou fraco e o quanto preciso caminhar mais perto de Deus, preciso jejuar e orar, buscar a face do Senhor para que eu tenha a fé dele em meu coração e possa ver vidas sendo transformadas ao redor do mundo.

A fé vem de Deus, Jesus disse: "Tenha a fé de Deus", não tente produzi-la.

Isso pode soar como se você não tivesse absolutamente nada a ver com a fé. Mas, por favor, não interprete erradamente o que estou tentando lhe mostrar. Você também tem parte nisso, além de buscar a Deus e andar em humildade. Mostrarei mais adiante qual é a sua participação nessa vida de fé, entretanto, a primeira coisa que precisamos compreender é que precisamos que Deus encha o nosso coração com fé; precisamos ter a atitude: "Senhor, sou um servo inútil, estou aqui apenas para servir o Senhor e seu Reino, aumenta a minha fé." E Deus lhe dirá: "Alegremente farei isso", pois Ele dá graça aos humildes e tem prazer em nos dar fé quando nos aproximamos dele com humildade.

3

Duas chaves para a Fé

1. A fé torna possível o impossível

Essa é a primeira das chaves ou conceitos que julgo muito úteis para a compreensão da fé: ela pode mover as montanhas. Jesus disse em Marcos 11: "Se alguém disser a este monte: 'Ergue-te e lança-te no mar', e não duvidar no seu coração, mas crer que se fará o que diz, assim será com ele." Precisamos compreender que nada é impossível para Deus, pois a fé que vem dele pode até mover as montanhas.

Marcos 9:23 diz: "Se podes! Tudo é possível ao que crê." A primeira chave é compreender que, pela fé, nada é impossível. É muito fácil para nós adaptar a Bíblia à nossa cultura e ao nosso estilo de vida. Porém, jamais devemos fazer isso. Na verdade, precisamos inserir em nossa mente que nossa vida precisa mudar para se ajustar à Palavra de Deus, e não o contrário. Se Jesus disse que todas as coisas são possíveis aos que creem, então Ele realmente quis dizer isso.

2. Apenas Deus pode fazer o impossível possível

A segunda chave é: você não pode fazer o impossível, apenas Deus pode. O que você pode fazer com a própria força? Talvez você possa fazer algumas coisas boas, talvez seja muito talentoso e cheio de dons, mas você não pode tornar o impossível possível — apenas Deus pode fazer isso.

Se quisermos ver o impossível tornar-se possível, precisaremos de Deus. Jesus disse isso claramente em Mateus 19:26: "Isto é impossível aos homens, mas para Deus é possível." Portanto, com fé tudo é possível, não há nada que seja impossível, mas precisamos de Deus, pois eu não posso fazer o impossível acontecer, somente Ele pode.

Deus é o único que é onipotente. Portanto, preciso que Ele me dê a fé dele, e com essa fé dentro do meu coração nada mais pode ser impossível, porque agora a fé de Deus está operando em minha vida.

Na Igreja de Cristo, não em uma igreja local especificamente, há muito poder humano, ao passo que falta poder de Deus. Espero que você não interprete mal essa afirmação, pois estou falando em termos gerais, não de nenhuma denominação específica. Muitas igrejas são construídas sobre esperteza, programações e entretenimento. Havia uma igreja, uma das maiores da minha cidade, que fez muitas coisas pelo município, até que algo aconteceu. O pastor decidiu se mudar para outra igreja em algum lugar, e em um curto período de tempo a igreja fechou as portas. Como isso pôde acontecer? Creio que foi porque essa igreja estava fundamentada no homem e em seus dons e sua sabedoria. Entendo a importância da liderança nomeada por Deus, mas se a igreja é construída com base no poder de Deus e os líderes ensinam às pessoas a se aproximarem de Deus, ela não desmoronará se o líder partir.

Precisamos do poder de Deus, da sua presença, e a igreja é a casa de Deus, onde o próprio Deus opera os milagres. Esse é o desejo do Senhor, é o seu anseio, é o que Ele quer fazer — nós precisamos apenas permanecer focados nisso. Nada é impossível com fé, mas não podemos fazer o impossível possível, então devemos nos achegar a Deus e Ele encherá o nosso coração com fé, a fim de que possamos declarar com ousadia: "Venha para a nossa igreja, pois aqui nada é impossível."

— Como vocês podem dizer isso?

— Porque temos fé!

— Vocês pensam que são muito espertos e capazes!

— Não, somos fracos, mas Deus é forte. E é por isso que precisamos de Deus! É por isso que Ele nos dá fé!

Parecemos fortes, mas somos realmente fracos; nossa força está na nossa fraqueza, essa é a vitória que vence o mundo: a nossa fé.

Sinto-me extremamente honrado e privilegiado em servir a Deus. Uma das grandes honras da minha vida é servir em um movimento cristão como a Igreja Videira, porque Deus está fazendo algo grande em nosso meio. Creio que a Videira ainda não experimentou nem o início do que virá. Haverá muitos milagres, sinais, maravilhas e explosões espirituais. Pessoas de todas as partes do mundo experimentarão o poder e o Reino de Deus.

Fazer parte de tudo isso é um privilégio imerecido para mim, e sou muito grato por integrar uma pequena parcela desse grande movimento. Sei que as pessoas da Videira serão um povo que demonstrarão ao mundo que a fé deles é a vitória que vence o mundo. Muitas nações neste mundo saberão que Deus está verdadeiramente vivo, pois Ele enviará pessoas dentre o povo que irão para os lugares mais difíceis e mostrarão ao mundo que a fé deles, que vem de Deus, é a vitória deles, e ela vencerá o mundo.

Portanto, achegue-se a Deus, viva perto do coração do Senhor, invista tempo em jejum e oração, caminhe em humildade. Compreenda que a sua fé precisa vir do coração de Deus para o seu coração a fim de que você possa andar em vitória.

4

A Escadada Fé

A fé pode ser vista como uma escada. Há certos degraus dessa escada que devemos subir para que cheguemos ao topo.

Primeiro passo — Reconheça sua incapacidade

O primeiro passo é reconhecer sua incapacidade. Precisamos compreender um princípio-chave sobre a fé porque, como dissemos antes, a fé começa onde a nossa visão termina. Geralmente os cristãos tentam fazer as coisas ao contrário, clamando: "Deus, mostra-me e acreditarei", mas Deus diz: "Creia em mim, e Eu mostrarei a você."

O primeiro passo da escada da fé é o reconhecimento da própria incapacidade. Podemos ser tentados a sermos fortes pela nossa própria força, o que na verdade se tornará um obstáculo para a fé, porque se você pode fazer as coisas no natural e na própria força, não precisa de fé. Precisamos entender que a nossa jornada de fé começa com o reconhecimento da nossa fraqueza.

Quando a autoconfiança morre, a fé nasce. Em João 15:5, Jesus disse: "Sem mim nada podeis fazer." Nesse versículo, Jesus nos diz o quão desesperadamente precisamos permanecer nele, e que não podemos fazer nada sem Ele.

Precisamos compreender que a nossa incapacidade é importante quando se trata de fé. Mencionei George Müller anteriormente, que disse: "A fé não opera no mundo das possibilidades." Não há glória para Deus nas possibilidades humanas.

A fé começa onde o poder dos homens termina. Quando os homens esgotam suas forças, a fé tem início. O apóstolo Paulo compreendeu isso, e é por essa razão que ele pôde dizer que quando estava fraco, aí então estava forte.

Reconhecer suas incapacidades é, então, o primeiro degrau da escada.

Eu amo a manifestação profética — e tenho visto isso muitas vezes — porque quando Deus dá a alguém uma profecia, as pessoas geralmente dizem: "Meu Deus, não posso fazer isso, não tenho habilidade para isso", e é justamente por isso que Deus deu a profecia àquela pessoa, pois Ele precisa que ela se entregue completamente a Ele e permita que Ele resolva a questão.

Não sou um homem forte, sou fraco. Se há trinta anos você tivesse me dito que Deus me levaria por todo o mundo como Ele tem feito, eu certamente teria dito que era impossível. Mas isso é exatamente o que Deus quer, as nossas impossibilidades, pois assim Ele pode operar a possibilidade.

Não há glória no poder do homem, Deus recebe a glória quando você pensa que é fraco. Quando você diz: "Nunca poderei ser um pastor", Deus diz: "É verdade, sem mim você nunca conseguirá, mas se você tiver fé, tudo é possível, porque eu uso as pessoas mais simples para trazer glória a mim mesmo." Esse é o primeiro passo.

SEGUNDO PASSO — CLAME A DEUS

Em segundo lugar, clame a Deus, não espere que Ele chame por você. Ao longo de toda a Bíblia podemos ver esse segundo passo na vida das pessoas.

Geralmente, para que os milagres aconteçam, as pessoas precisam estar desesperadas por Deus, clamando e determinadas a *capturá-lo*. Várias e várias vezes vemos isso acontecer na Bíblia.

Um dos meus exemplos favoritos é Jacó. Amo essa história! Jacó lutou com Deus durante toda a noite, até que o anjo do Senhor, que era o próprio Jesus Cristo, disse a ele para deixá-lo, mas Jacó se recusou a deixar o anjo partir. Tente imaginar esta cena: Deus falou com você e disse "Deixe-me ir!", mas você se recusa a ouvir a Deus, porque está desesperado e faminto pela presença dele.

Aprendemos que devemos ser obedientes a Deus, mas nesse caso Jacó não obedeceu. Ele lutou com Jesus a noite toda e disse: "Não te deixarei até que me abençoes." Assim como Jacó, passei por momentos de grandes crises, nos quais eu me vi de joelhos a noite toda, dizendo: "Deus, não te deixarei ir até que me dês o meu milagre." Algumas vezes, eu dizia: "Deus, vou capturá-lo e não deixarei o Senhor ir até que eu obtenha o meu milagre, aquilo que me pertence!" Nessas ocasiões, orei até que Deus rompesse, e posso dizer que Ele se agrada dessa atitude.

Não espere Deus vir até você, vá a Ele primeiro. Dê o primeiro passo, e Ele correrá até você. Tiago 4:8 diz: "Achegai-vos a Deus, e ele se achegará a vós outros." Quando medito nesse versículo, tenho a seguinte imagem na minha mente: vejo Deus dizendo "Estou aqui, não vou me mover na sua direção porque quero que você corra para mim primeiro. Eu o amo e quero você perto de mim, mas quero ver a fome no seu coração. Assim que vê-lo se achegar a mim, correrei ao seu encontro".

Essa mensagem é o resumo da história de um pai e seus dois filhos, narrada em Lucas 15. Depois que o filho mais novo tomou parte da herança a qual tinha direito, afastou-se do pai, que representa Deus, e desperdiçou toda a herança. Enquanto isso, o pai estava esperando pacientemente pelo retorno do filho; ele não foi atrás dele, apenas esperou. Certo dia, ele viu o filho chegando, andando em sua direção, e a Bíblia diz que ele saiu de seu lugar e correu até o filho. É isso que Deus faz! Deus quer que nos acheguemos a Ele primeiramente, para que Ele possa correr até nós. Ele nos ama muito, mas não responderá a um coração dividido. O Senhor quer ver se o nosso coração está procurando por Ele, se estamos famintos pela sua presença e se realmente o desejamos de todo o nosso coração. Por que Deus age dessa maneira conosco? Porque quer ver se estamos determinados a buscá-lo, se estamos desesperados por Ele. Deus deseja que as pessoas estejam desesperadas e famintas por Ele, pois sempre responde aos corações famintos. Aqui está um segredo que precisamos conhecer: você sabe por que algumas pessoas são mais íntimas de Deus que as outras? Não tem nada a ver com Deus, pois Ele não tem favoritos. Todos podem se achegar a Deus o quanto quiserem.

Quando eu era um rapaz de 20 anos, fui estudar em um instituto bíblico por dois anos. Pelo menos uma vez por semana, eu passava toda a noite orando na capela. Muitos dos outros alunos diziam: "Ele é só um religioso, ele é um fanático." Aquilo não me importava, pois eu estava tão faminto por Deus e precisava dele tão desesperadamente, que jejuava e orava muito. Eu não esperei por Ele, não aguardei que Ele se achegasse a mim, eu me acheguei a Ele primeiro.

Se você se achegar a Deus, Ele se achegará a você. Muitos cristãos esperam que Deus se mova na vida deles, mas você não precisa esperar que Deus o chame, você pode clamar por Ele. Quando as pessoas estão desesperadas e expressam isso para Deus, Ele responde, porque está procurando um coração faminto ao qual responder.

Há uma história na Bíblia sobre duas pessoas que precisavam de um milagre (veja Marcos 5). A primeira é uma mulher com um forte fluxo de sangue, que gastara toda a sua fortuna com médicos sem conseguir nenhuma melhora. Ela disse para si mesma: *Se eu apenas tocar na orla das vestes de Jesus, serei curada.* Ela venceu os obstáculos, tocou as vestes do Mestre e foi curada — sua fé e seu desespero liberaram o poder de Jesus.

Quando Jesus disse "Quem me tocou?", um dos discípulos disse: "Todos estão lhe tocando!", mas Jesus replicou: "Não, alguém me tocou de um jeito diferente, com fé e desespero, porque senti que de mim saiu poder."

A mulher havia sido pega em flagrante! Ela caiu diante do Senhor e contou tudo a Ele. Jesus disse: "Tenha bom ânimo, a tua fé te salvou." Entretanto, precisamos compreender que no *original grego*, a palavra traduzida como "tocar" não significava apenas passar a mão, sim agarrar e soltar. Além disso, essa mulher teve de vencer muitos obstáculos para tocar em Jesus, pois, de acordo com a lei judaica, ela era impura devido àquela hemorragia, portanto não era permitido que ela estivesse entre a multidão. Ela também era mulher, e as mulheres não tinham valor naquela época. Diz-se que os judeus oravam todos os dias a seguinte oração: "Deus obrigado por eu não ser escravo, obrigado por eu não ser gentio e obrigado por eu não ser mulher." Na cultura deles, as mulheres não tinham valor.

Tudo estava contra ela: era mulher, estava doente e não lhe era permitido estar na multidão. Ela teve de passar por várias pessoas que estavam ao redor de Jesus para se aproximar dele, mas não se importou. Por quê? Porque ela estava tão desesperada e faminta por um milagre, que isso a levou até Jesus. Não espere Deus chamá-lo, agarre-se a Deus e lute com Ele, e você descobrirá que quando você se achegar a Deus, Ele sempre se achegará a você.

TERCEIRO PASSO — DESCOBRIR O PLANO DE DEUS

O terceiro degrau da escada é descobrir o plano de Deus e começar a agir. Isso significa que precisamos abandonar nossos caminhos e planos, e esse é o principal erro que muitas pessoas cometem. Elas oram tanto para que Deus abençoe seus planos, em vez de descobrirem qual é o plano *dele* para elas. Temos de buscar a Deus para descobrirmos qual é o plano dele para nós, pois como podemos ter fé sem saber os planos de Deus e estarmos seguros sobre eles?

Todos nós temos de abrir mão dos próprios planos e descobrir quais os planos de Deus para a nossa vida, para somente então agir. Precisamos investir tempo buscando a Deus para descobrir quais são os planos dele. Esse é um degrau muito importante na escada da fé.

Jesus nos ensinou a orar para que a vontade de Deus seja feita na terra, assim como é feita no céu, mas quantas vezes tentamos fazer com que Deus abençoe os nossos planos, em outras palavras, a nossa vontade? Passamos muito tempo orando, chorando e desesperadamente tentando fazer com que todos orem por nós, nos abençoem e imponham as mãos sobre nós, mas nosso coração não está convencido de que estamos orando para que Deus cumpra os seus planos para a nossa vida. Lutamos e perdemos tanto tempo e energia, tentando fazer com que a fé opere, mas falhamos no final. Por outro lado, quando o nosso coração está convicto dos planos de Deus para a nossa vida, podemos subir mais um degrau na escada da fé para estarmos perto da vitória de Deus para nós.

QUARTO PASSO – APROPRIE-SE DE UMA PROMESSA

O quarto degrau da escada da fé é se apropriar de uma promessa. A única base verdadeira para a fé bíblica é ter uma promessa de Deus. Você não pode ter uma fé que move montanhas, que traz a vitória de Deus para a sua vida, se você não tiver uma promessa de Deus. Como você pode acreditar em algo que você não está seguro se é o que Deus tem para sua vida?

Essa é uma das maiores batalhas para muitos cristãos. Recentemente uma mulher com um tipo grave de câncer foi trazida a mim para que eu orasse por ela. Aquela mulher veio especialmente para a reunião em que eu estava pregando, então a ungi com óleo e orei. Depois, um amigo que a levou fez a seguinte pergunta: "Você acha que Deus quer curá--la?"

Não podemos ter a fé bíblica verdadeira em nosso coração se não estivermos convictos da vontade de Deus para a nossa vida e se não tivermos uma promessa na qual nos firmar. Conheci muitos cristãos que tinham alvos e oravam para que eles acontecessem, mas muitas vezes o que você quer não tem base suficiente para a fé. Pelo que me lembro, sempre que passo por um tempo difícil, fecho-me em jejum e oração, e leio a Bíblia até obter uma promessa de Deus. É nesse momento que a fé verdadeira começa a agir em meu coração.

Precisamos ter uma promessa de Deus para ir além. Se não estivermos convictos sobre o que Deus quer que façamos e sobre o que Ele tem para nós, como poderemos ter fé?

Apropriar-se de uma promessa de Deus é um degrau fundamental na escada da fé, pois não saber o que Deus quer fazer por nós nos deixará em uma luta interior terrível. Nunca estaremos seguros se receberemos o milagre e hesitaremos entre a fé e a descrença, colocando nossos olhos nas circunstâncias.

Você precisa saber o que Deus quer fazer por você e qual é a vontade dele para a sua vida; não apenas o que Deus *pode fazer* por você, mas o que Ele *quer fazer*. Amo ver o poder de Deus em ação, porque supostamente ele deveria fazer parte da vida cristã normal! Frequentemente vejo e sinto o poder de Deus quando oro pelas pessoas, mas por elas não estarem certas do que Deus quer para a vida delas, são incapazes de receber o milagre.

Há um tempo tive um problema nas minhas costas. Tive três hérnias de disco e não tínhamos planos de saúde. Um exame de ressonância magnética indicou as hérnias de disco, mas decidi não fazer nada, pois a cirurgia era extremamente cara e eu não gostava da ideia de os médicos me cortando. Eles me deram analgésicos e outros medicamentos e me disseram para tomar vários comprimidos por dia. Eu continuava orando, mas não melhorava. Geralmente temos fé para orar por outras pessoas, mas quando se trata de nós mesmos, às vezes é difícil ter fé porque estamos com dor e sofrendo. Quando você sente muita dor é muito difícil crer, então fiz o que pregava: comecei a buscar a Deus, dizendo, "Deus, preciso da sua promessa para mim".

Depois de três horas de sono, eu acordava com dor e assim permanecia a noite toda. Um dia minha esposa disse:

— Isso não é bom, você precisa descansar. Você tem estado muito ocupado e trabalhado muito, precisa descansar ou então vai ter uma estafa. Precisamos comprar um colchão ortopédico para que você durma melhor.

Quando ela disse isso, Deus falou ao meu coração: "Você não precisa de colchão ortopédico para dormir sem dor, você precisa de fé." *Isso é verdade! Se eu tiver fé, serei curado!*, pensei no mesmo instante. Contei a ela o que Deus havia me dito.

Decidi fazer algo sobre aquilo. Tomaria a santa ceia todos os dias, olharia para a Cruz e meditaria em Isaías 53:5, até receber o milagre. Eu estava determinado a subir os degraus da escadaria da fé e receber meu milagre. Isaías 53:5 diz: "Mas ele foi transpassado pelas nossas transgressões e moído pelas nossas iniquidades; o castigo que nos trás a paz estava sobre ele e pelas suas pisaduras fomos sarados." Tomei a ceia todos os dias, parti o pão e meditei nas Escrituras e agradeci a Deus por permitir que seu filho fosse ferido para que as minhas costas pudessem ser curadas. Depois de algumas semanas, dormi a noite toda sem acordar nem um minuto sequer com dor. Deus havia curado as minhas costas.

Precisamos nos apropriar de uma promessa e saber o que Deus deseja para nós. Deus disse que se eu tivesse fé não precisaria de um colchão novo, essa era a minha promessa. Então, decidi: "Tudo bem, vou me apropriar da fé bíblica verdadeira, vou subir a escadaria da fé e receber o meu milagre." A Bíblia diz em 2 Coríntios 1:20: "Porque quantas são as promessas de Deus, tantas têm nele o sim; portanto também por ele é o amem para a glória de Deus, por nosso intermédio."

Cada promessa que Deus quer lhe dar pertence a você, o problema é que muitos cristãos não dedicam tempo para se apropriar das promessas de Deus. À medida que subimos essa escada, precisamos compreender que aquilo que cremos deve estar fundamentado na vontade revelada de Deus e nas promessas dele para nós, de qualquer outra maneira não agiremos em fé. Muitos cristãos agem com base na esperança e tentam se convencer de que o que eles têm é fé, mas acabam desapontados. Precisamos entender que a fé deve estar baseada na vontade de Deus.

Como você saberá qual é a promessa de Deus para você, se não dedicar um tempo para estudar a Palavra de Deus? Como você espera ouvir algo da parte de Deus se não investe tempo em um relacionamento com Ele? Medite na Palavra de Deus e se achegue a Ele, até que seu coração esteja cheio com as promessas dele. Você precisa passar do *conhecimento* em sua *mente* acerca das promessas para a condição de crer *nelas* em seu *coração*, porque se você sabe alguma coisa apenas na sua mente, isso não vai trazer fé ao seu coração.

Então, o quarto e último degrau na escada da fé é apropriar-se de uma promessa de Deus para você, e buscá-la de todo o seu coração. Alguns de vocês irão para diferentes lugares a fim de plantar igrejas, algumas pessoas irão para lugares muito difíceis e se Deus enviá-lo para os lugares mais difíceis você precisará subir a escadaria da fé.

Comece a subir a escada compreendendo que você é incapaz de fazer qualquer coisa por si mesmo.

Suba o segundo degrau e clame a Deus, continue com o terceiro e descubra os planos de Deus para você. Em seguida, comece a agir com base nesses planos e continue subindo, buscando o Senhor para alcançar a sua promessa.

Quando Deus me disse para plantar igrejas na Áustria, soube que se tratava de um dos países mais difíceis da Europa, no qual havia mais prostitutas que cristãos e a maioria das igrejas eram pequenas. Alguns missionários tentaram plantar igrejas ali por muitos anos e desistiram diante do fracasso. Espiritualmente, trata-se de uma nação bem difícil.

Quando Deus me mandou para lá, muitos amigos me disseram que eu não seria bemsucedido e fomos grandemente desencorajados, mas continuei a subir as escadas da fé. Deus me deu uma promessa, e em dez anos plantamos sete igrejas com centenas de pessoas salvas.

Quando Deus me deu a promessa, eu sabia que, pela fé, poderia vê-la acontecer apesar das circunstâncias.

5

A Importância do Equilíbrio

A próxima coisa que precisamos entender sobre a fé é que é necessário ter equilíbrio. A Bíblia nos fala sobre isso porque há muitas áreas na vida cristã nas quais precisamos aprender a ter equilíbrio.

Há certas coisas que precisamos equilibrar com a fé. Por exemplo, a Bíblia claramente nos ensina que Jesus nos ama incondicionalmente, mas ela também nos mostra Jesus como o nosso juiz, e quando Ele nos julga não há favoritismo. De acordo com o que 2 Coríntios 5 nos ensina, precisamos conhecer a bondade, mas também a severidade de Deus em seu julgamento.

Muitos cristãos conhecem Jesus apenas como um cordeiro, mas um cristão maduro entende que

Ele é um cordeiro, mas também é um leão. Precisamos equilibrar as coisas com fé e graça.

O EQUILÍBRIO ENTRE A FÉ E A GRAÇA

Como você foi salvo? Pela fé. Mas você foi salvo apenas pela fé? Efésios 2:8 diz: "Pela graça somos salvos, por meio da fé e isso não vem de nós, mas é dom de Deus", portanto, somos salvos *pela graça, por meio da fé*. A sua fé só pode receber o que a graça de Deus já proveu e pagou por você na Cruz. Deus, em sua infinita graça, proveu a salvação. Se a graça de Deus não tivesse agido em nosso favor, então você não poderia ter fé para ser salvo. Você poderia declarar o tempo todo que estava salvo, mas isso não faria efeito porque sem a graça não há salvação.

As pessoas que não aprendem a equilibrar fé com graça, geralmente se desapontam. Elas apenas declaram e confessam durante o dia todo o que desejam, mas nunca veem essas coisas acontecerem, porque Deus não prometeu nem proveu nada, era tudo fruto de seus desejos.

Quero que você compreenda que não pode ter fé naquilo que você simplesmente quer ter ou no que deseja; você só pode ter fé para ver acontecer aquilo que a graça de Deus já providenciou. É muito importante que entendamos isso, porque conheço cristãos ao redor do mundo que querem algo tão desesperadamente que oram e se envolvem emocionalmente a ponto de se convencerem de que eles têm fé, mas essa não é uma fé bíblica, portanto, eles acabam desapontados e não veem a concretização do que esperavam.

"Eu creio nisso e confesso todos os dias, por que não aconteceu?", muitas pessoas afirmam. Esse questionamento evidencia que elas não acreditam real-mente nisso ou não têm a fé bíblica.

Jesus disse que se você tiver uma fé como de uma semente de grão de mostarda, as montanhas se moverão, porque a fé bíblica sempre traz milagres. Mas você não pode ter fé para aquilo que a graça de Deus não proveu; a fé pode apenas receber o que a graça de Deus já pagou, portanto devemos manter o equilíbrio entre a fé e a graça.

Então, como podemos receber a cura sobrenatural? Porque Deus, por sua graça, já pagou por isso; é o dom gracioso dele para os seus filhos. Abraão, que desesperadamente queria um filho, é chamado de "pai da fé" em Romanos 4, que é o grande capítulo da fé na Bíblia. Vejamos o exemplo dele.

Abraão queria um filho e Deus disse que o abençoaria, e que faria dele uma bênção. Abraão pergutou como ele poderia ser abençoado se nem mesmo tinha um filho e seu escravo herdaria tudo o que ele tinha. Ele queria um filho, mas o desejo dele por um filho não produziu fé no seu coração, porque você só pode ter fé naquilo que a graça de Deus já providenciou.

Quando Deus disse a ele: "Dar-lhe-ei um filho", então a jornada de fé de Abraão começou, porque agora Deus havia tomado conta da situação. É nesse momento que a fé traz à existência o que Deus já providenciou no mundo espiritual pela sua graça. Até que Abraão tomasse posse da terra prometida e a graça de Deus tivesse provido tudo o que ele precisava, não havia base de fé na vida de Abraão para ter um filho. Havia um forte desejo, mas não havia fé. Assim, a jornada da fé desse herói começou quando a graça de Deus veio a Ele e lhe deu a promessa.

Veja Romanos 4:16, que fala sobre Abraão e sua jornada de fé:

> Portanto, é pela fé, para que seja segundo a graça, a fim de que a promessa seja firme a toda a posteridade, não somente à que é da lei, mas também à que é da fé que teve Abraão, o qual é pai de todos nós.

Você pode ver a fé e a graça caminharem juntas? Em outras palavras, Deus disse: "Dei a ele a promessa como um ato de graça, mas ele agora precisa ativar a fé para receber o milagre."

Abraão não podia gerar o próprio filho, a graça de Deus tinha de provê-lo. E quando a graça de Deus o fez, Abraão pôde crer e, pela fé, ele poderia receber o que a graça de Deus havia providenciado.

Precisamos entender a graça de Deus porque, sem ela, a fé se torna dura e a batalha difícil, porque estamos sempre tentando receber algo que nem mesmo sabemos se Deus pagou para nós. Por que a salvação é tão simples? Porque tudo o que fazemos é recebê-la pela fé naquilo que Deus, por meio de Jesus, já pagou.

Não podemos adquirir a salvação, todos entendemos que a graça de Deus foi dada a nós e que precisamos *recebê-la*. Mas quando se trata de outras coisas na vida cristã — o poder de Deus, o sobrenatural, a cura, coisas que precisamos de Deus, nossa provisão —, geralmente lutamos porque não equilibramos fé com graça.

A salvação é um dom da graça, e qualquer outro milagre é um dom da graça também. Por isso, não tente fazer por merecê-la, compreenda que uma vez que Deus, pela sua graça, proveu a salvação e Jesus pagou por isso, ela pertence a você. Da mesma maneira, não tente acreditar no que você quer, descubra se a graça dele já pagou por isso.

O que é graça? Há uma diferença entre graça e misericórdia que muitos cristãos não compreendem. O fato de você *não ir* para o inferno e ter seus pecados perdoados não é graça, e sim misericórdia.

A palavra grega para graça é *charis*, de onde vem a palavra *carisma*, que significa a influência de Deus na sua vida, a qual permite que você faça tudo o que Ele deseja que você faça. É da natureza da graça não ser conquistada pelo merecimento, mas ser recebida apenas pela fé. A graça de Deus não pode ser adquirida, você não tem mais graça porque você ora ou jejua mais, ela é um dom que Deus *escolhe nos dar.*

A diferença entre graça e misericórdia é que Deus, em sua *misericórdia, não nos dá* o que merecemos. O que você merece? O que eu mereço? Todos nós merecemos o inferno, mas por causa da sua *misericórdia,* Deus não nos dá o inferno. Todos nós merecíamos estar separados eternamente de Deus por causa do pecado, portanto não irmos para o inferno é misericórdia e não graça; nós deveríamos ir para o inferno, mas não estamos indo. Quão misericordioso é o nosso Deus!

Se Deus tivesse apenas misericórdia de nós, mas não nos desse a graça, quando morrêssemos não haveria inferno, apenas pararíamos de existir.

Misericórdia é *não receber* o que merecemos. Graça, por sua vez, é quando *recebemos* de Deus o que não merecemos. A graça é um dom, não só pela ausência de punição, mas por nos dar o que não merecemos. Não mereço o céu, mas vou para lá; não mereço cura, mas posso recebê-la; não mereço ser usado por Deus, mas graciosamente Ele decidiu usar seus filhos. Não mereço ter um casamento feliz, mas tenho. Por quê? Porque Deus continua me dando maravilhosos presentes, isso é graça, um dom gratuito.

Há um bom exemplo da diferença entre misericórdia e graça. O gerente de um banco privado desviou grandes quantias do banco por muitos anos, até que acabou sendo descoberto. Quando descobriu tudo, o dono do banco foi até o gerente e disse:

— Você roubou muito dinheiro de mim, você merece ser punido com prisão perpétua, mas vou perdoá-lo e não irei colocar você na cadeia.

Observe que isso não é graça, mas sim misericórdia. Ele *não deu ao homem o que ele merecia*. Mas o dono do banco continuou, dizendo:

— Não quero mandá-lo para a prisão, na verdade lhe darei metade do meu banco, e a partir de agora você será meu sócio.

Isso é graça!

— Mas eu roubei, devo ir para a prisão! — disse o gerente.

— É verdade, pela misericórdia você não vai para a prisão, mas decido exercer graça, para que você *receba o que não merece* — disse o dono do banco.

Deus, em sua graça, compartilha a vida divina dele conosco. Ele vive em nós, o céu pertence a nós, a vitória e a cura também! Por quê? Por causa da graça, porque a fé recebeu o que a graça proveu. Muitos cristãos não equilibram fé com graça, eles tentam trabalhar arduamente para receber algo de Deus. Esse tipo de cristão é frustrado, pois tenta adquirir as coisas de Deus por esforço próprio, nunca entrando no descanso do Senhor.

Infelizmente, é fácil para essas pessoas se tornarem fariseus, os quais julgam os pecadores que amam Jesus e receberam a fé que a graça dele proveu.

O versículo de 1 Coríntios 15:10 é um dos meus favoritos sobre a graça. Nele, Paulo disse:

> Mas, pela graça de Deus, sou o que sou; e a sua graça, que me foi concedida, não se tornou vã, antes, trabalhei muito mais do que todos eles; todavia, não eu, mas a graça de Deus comigo.

As pessoas me perguntam de onde vem a minha força, e sempre digo que é da graça de Deus.

Paulo disse que ele poderia trabalhar mais arduamente que qualquer um, porque havia compreendido a graça e pela fé recebera mais graça do que qualquer um. Ele disse, em outras palavras: "Na minha vida a graça de Deus não é vã, posso trabalhar mais arduamente que qualquer um, porque não sou eu, mas a graça dele em mim, o dom gratuito de Deus." A energia, a força, o poder e o conhecimento de Deus, tudo é pela sua graça.

Não tente receber pela fé qualquer coisa pela qual a graça não pagou. Descubra o que a graça de Deus proveu para você e receba isso pela fé. Em resumo, equilibre a sua fé com a graça.

O EQUILÍBRIO ENTRE A FÉ E O LOUVOR

O que mais precisamos equilibrar com a fé? Precisamos unir a fé ao louvor. Isso é muito importante. Um dos erros que geralmente cometemos é quando estamos em uma situação na qual precisamos de um milagre, focamos tanto nas situações difíceis que os nossos problemas se tornam maiores do que realmente são, e matam a nossa fé. Temos de olhar um problema e encará-lo, mas não devemos colocar o nosso foco nele.

Abraão reconheceu que seu corpo estava amortecido e que ele não poderia ter filhos, mas ele não focou nisso, ele se concentrou na promessa de Deus. Louvor e ações de graça nos ajudam a colocar os nossos problemas na perspectiva correta. Para muitas pessoas que me conhecem é difícil acreditar, mas eu costumava me preocupar com tudo. Uma das razões para isso é porque cresci em um lar muito pobre e fui dormir com fome muitas vezes, além de ter sofrido abuso sexual por alguns anos. Havia muita dor em mim e muita desconfiança, por isso eu costumava me preocupar o tempo todo.

Entretanto, pela graça de Deus, cheguei a um ponto da vida no qual raramente me preocupo. As pessoas se preocupam mais comigo do que eu mesmo. Se eu fico parado em um engarrafamento na ida ao aeroporto para pegar o avião, não me preocupo, pois Deus me levará onde Ele precisa de mim.

O que me ajudou nesse processo de mudança foi Filipenses 4:6: "Não andeis ansiosos por coisa alguma, em tudo, porém, sejam conhecidas, diante de Deus, as vossas petições, pela oração e pela súplica, com *ações de graças* (grifo do autor). Muitos cristãos tentam vencer suas preocupações, mas não conseguem, pois não equilibram a fé com ações de graça. A Bíblia diz que as ações de graça fazem com que as nossas súplicas sejam conhecidas por Deus, pois sempre temos de focar na bondade de Deus, e não na nossa necessidade ou situação difícil.

Não sei qual é o seu entendimento e sua crença sobre batalha espiritual, mas a minha é muito simples: nossa luta não é contra carne ou sangue. O diabo é real, mas não tenho medo dele, ele é quem tem medo de mim. Você já se perguntou por que a armadura de Deus, descrita em Efésios 6, não tem proteção para as costas? Essa passagem bíblica fala do capacete, do escudo, da espada, da couraça, das sandálias, mas nada cita para nos proteger na parte de atrás. Sabe por quê? Porque o diabo não deve persegui-lo nem você deve correr do inimigo, supõe-se que *ele* corra de você. Muitos cristãos estão tão focados no diabo que sua atitude todas as manhãs é despertar para lutar contra ele.

Quando eu era pastor na Áustria, uma manhã um dos membros da igreja bateu à porta do meu escritório. Sua cabeça estava cabisbaixa e ele parecia muito deprimido. Abriu a porta, entrou e disse com a voz baixa:

— Bom dia, pastor.

— O que há de errado com você?

— Pastor, preciso de ajuda.

— Dá para perceber... Qual é o problema?

— Pastor, a vida é muito difícil. Todas as manhãs, assim que eu saio da cama, o diabo me ataca.

Antes mesmo que eu coloque a armadura de Deus, o diabo já me ataca.

— Deixe-me dizer algo, meu irmão. Não tire a armadura quando você for para a cama à noite, assim você não terá de colocá-la pela manhã. Todas as manhãs, quando eu me levanto, assim que abro os meus olhos o diabo está no meu quarto também. Ele espera a noite toda para que eu acorde, mas quando ele me vê abrindo os olhos, ele diz: "Ah não, ele acordou, preciso correr! Ele está levantando da cama, lá vem encrenca!"

Ele olhou para mim, esperando que eu dissesse mais alguma coisa para explicar aquilo. Então eu disse que ele precisava mudar seu foco e sua atitude:

— É você quem deve persegui-lo, e não o contrário — eu disse.

A Bíblia diz em Salmos 149:6: "Nos seus lábios estejam os autos louvores de Deus, nas suas mãos, espada de dois gumes." Como lutamos contra o inimigo? Louvando a Deus e lutando contra o mal, equilibrando fé com louvor e com ações de graças. À medida que permanecemos na fé, precisamos aprender a balancear a nossa fé com canções e gritos de ações de graça e vitória. A Bíblia também diz em Isaías 54: "Canta alegremente, ó estéril, que não deste à luz, exulta com alegre canto e exclama." Isso é uma loucura. Como uma mulher estéril pode cantar canções alegres? A esterilidade é uma maldição e não uma bênção, se uma mulher não pode ter filhos isso não é uma bênção, então por que Deus diz à mulher aflita para ela cantar canções de alegria? Por acaso Ele é um Deus mau? Não, na verdade, Deus a está ensinando a equilibrar fé com ações de graça e louvor. E por que Ele diz que ela deve exultar e se alegrar? Conforme o texto continua dizendo, "porque mais são os filhos da mulher solitária do que os filhos da casada".

Deus está profetizando um nascimento sobre-natural, portanto, Ele está dizendo que quer que ela comece a se alegrar e dar graças. Comece a cantar hinos de louvor antes de ver a vitória! Equilibre sua fé com louvor e ações de graça. Deus fez isso conosco certa vez. Estávamos passando por tempos muito difíceis, quando Ele disse para mim e minha esposa: "Quero ouvir canções e gritos de vitórias na sua casa todos os dias."

Pedi à minha esposa para escrever proclamações de alegria e vitória em várias folhas de papel e pendurá-las por toda a cozinha. Se você abrisse um armário, lá estaria escrito: "Há gritos de júbilo e vitória na casa do justo!" Se você abrisse outro, veria escrito: "Cante alegremente." Havia papéis espalhados em todos os lugares e durante todo o dia estávamos dando brados de alegria e cantando a vitória. Dentro de nós não nos sentíamos vitoriosos, mas nossos sentimentos mentiam; entretanto, a fé nunca mente!

Aprendi um segredo com essa experiência. Muitos cristãos fazem escolhas com base em seus sentimentos, mas aprendi que devo fazer meus sentimentos se alinharem com as minhas escolhas. Toda manhã, bem cedo, sempre sigo a mesma rotina: oro, engrandeço a Deus, louvo, agradeço e falo sobre as vitórias. Por quê? A Bíblia diz: "Entrai por suas portas com ações de graça e em seus átrios com hinos de louvor." Você sempre se sente feliz quando acorda? Você sempre se sente feliz quando precisa acordar às três da manhã? Certamente não, mas meus sentimentos seguem as minhas escolhas, não permito que minhas escolhas sigam meus sentimentos. Isso é uma caminhada de fé! Depois de alguns minutos, meus sentimentos seguem as minhas escolhas, Deus se faz presente no quarto e nem quero mais voltar para a cama.

Você precisa compreender que é necessário equilibrar fé com louvor e ações de graças, tendo sua espada em suas mãos e a presença de Deus em sua boca.

O EQUILÍBRIO ENTRE A FÉ E O AMOR

O que mais devemos equilibrar com a fé? É importante equilibrar a fé com amor. Em 1 Coríntios 13:2 a Bíblia diz: "Ainda que eu tenha tamanha fé, a ponto de transportar montes, se não tiver amor, nada serei." A fé é muito importante, pois ela traz o mundo sobrenatural para o natural, e sem fé é impossível agradar a Deus. Entretanto, ainda que você tenha toda a fé, se não tiver amor, de acordo com 1 Coríntios 13 você não é nada. Então, por que é tão importante balancear os dois? Porque o próprio Deus é amor, é a natureza dele. Se não aprendermos a equilibrar fé com amor, podemos facilmente nos tornar pessoas de coração duro, assim como os fariseus. Gálatas 5:6: diz: "Porque, em Cristo Jesus, nem a circuncisão, nem a incircuncisão têm valor algum, mas a fé que atua pelo amor." A única coisa que conta é a fé que opera pelo amor. O significado literal desse versículo no grego é: *a fé recebe energia pelo amor, ou seja, a fé é energizada pelo amor.*

O que isso significa? Posso orar pelos enfermos por razões variadas. Posso querer apenas ver milagres e o poder de Deus por causa do milagre em si. Posso ter a motivação de querer apenas me gabar de quantas pessoas foram curadas pelas minhas orações, mas essas são motivações equivocadas.

Para Deus as nossas motivações são muito importantes. Ele não olha apenas para as nossas ações, mas também para as intenções e motivações do nosso coração. E o que conta para Deus é a fé que recebe energia do amor. Se você realmente ama as pessoas, vai sentir compaixão ao ver as pessoas doentes, e a única maneira de ministrar cura a essas pessoas é pela fé.

Se você realmente andar em amor, fará tudo que puder para ser um homem ou uma mulher de fé para ajudar as pessoas. Se realmente amar a Deus, você amará a todas as pessoas, assim como Deus as ama, e encontrará um modo de vê-las tocadas pelo poder de Deus. Repito, a fé é liberada pelo poder de Deus e traz o mundo sobrenatural para o mundo natural, mas a força motriz e que dá autoridade à fé deve ser o amor, o nosso amor por Deus e pelas pessoas.

Por que queremos ver as pessoas serem salvas e as células se multiplicarem? Por que queremos ver as igrejas crescerem? Qual é a nossa motivação? É amor? Amor por Deus e amor pelas pessoas? Se essa é a razão, descobriremos rapidamente que somos muito limitados naquilo que podemos fazer, e vamos clamar a Deus para encher o nosso coração com uma fé que move montanhas, para que tenhamos todos os obstáculos removidos no caminho até as pessoas que serão salvas.

Se por um lado é o amor que nos energiza, logo descobriremos que, sem fé, o nosso amor não tem poder. Sem fé, não podemos ajudar as pessoas de modo significativo. Portanto, o amor nos moverá e nos motivará a andar na fé de Deus, fé para ver o seu Reino vir a nós e o seu poder ser liberado na vida das pessoas.

Jesus se movia pela compaixão, afinal, foi o amor e a compaixão de Deus que compeliram Jesus a curar os enfermos. Portanto se tivermos fé, mas não a equilibrarmos com amor, corremos o risco de nos tornarmos pessoas difíceis de lidar, inacessíveis, que julgam aqueles que não têm uma fé tão forte ou não têm o mesmo nível de fé que nós. Podemos nos tornar orgulhosos e duros, e Deus não quer isso, pois Ele é um Deus de amor e compaixão. Ele não apenas ama as pessoas, Ele é amor; essa é a natureza de Deus. Se realmente amarmos a Deus e as pessoas, esse amor nos moverá a levar as bênçãos do Senhor e seus dons aos outros.

Entretanto, logo perceberemos que não temos nada para dar de nós mesmos, e de que precisamos de fé para alcançar isso. O amor nos levará à fé. A compaixão de Deus nos moverá, e quando estivermos cheios de amor e compaixão, rapidamente perceberemos que precisamos da fé sobrenatural vinda do alto. Assim, buscaremos a Deus em jejum e oração, não para sermos um incrível herói da fé, mas porque amamos as pessoas e queremos compartilhar as boas-novas do Evangelho. Quando isso acontece, Gálatas 5:6 está em ação é a fé extraindo as energias provenientes do amor. Por isso, repito: precisamos equilibrar fé e amor.

Quando nosso filho mais novo tinha mais ou menos seis meses, ele ficou muito doente. Estávamos iniciando nosso segundo projeto para plantar uma igreja, e eu estava distante duas horas de carro de casa, envolvido em um ajuntamento nacional de pessoas que estavam orando e jejuando pelo nosso país. Não tinha celular, porque naquela época não era comum ter esse tipo de aparelho, nem laptops ou qualquer coisa do gênero. Minha esposa ligou para o escritório da igreja onde eu estava e avisou que era uma emergência, que ela precisava falar comigo. Ela pediu que eu voltasse para casa imediatamente, pois já estava indo com o nosso filho para o hospital. Imediatamente fui vê-lo no hospital, e o médico disse: "Tentamos ajudá-lo, mas parece que não temos cura para o problema dele."

Os médicos descobriram que ele tinha o pulmão subdesenvolvido e que sua garganta era muito estreita, o que fazia com que ele não conseguisse respirar corretamente. Se ele se exercitasse ou tivesse um resfriado, não conseguiria respirar. Entretanto, meu filho sempre foi muito ativo, aos seis meses já engatinhava e aos oito meses e meio já estava correndo.

Depois dessa indicação médica, tivemos de abastecer nossa casa com medicamentos e um inalador com cortisona. Frequentemente estávamos no hospital com ele. Por sete longos anos investimos muitas noites de joelhos ao pé de sua cama, orando. Oramos centenas de vezes, e muitas foram as vezes que deixei nossa casa com minha mala de mão chorando ao partir. Eu dizia à minha esposa:

— Não quero deixá-la sozinha em casa com uma criança doente.

— Você serve a Deus, precisa ir e plantar igrejas — dizia ela.

Por noites incontáveis ajoelhava-me aos pés da cama dele e clamava a Deus por um milagre, enquanto assistia à luta do meu menininho para respirar. No dia 4 de abril de 1998, dirigi por duas horas até a primeira igreja que plantamos e realizei a cerimônia de casamento do meu melhor amigo. À meia-noite, enquanto voltávamos para a casa e a quase uma hora de casa, meu filho, que estava no banco de trás, começou a ter um ataque. Ele não conseguia respirar, tossia muito e vomitava, chorando sem parar.

Quando chegamos, ele havia adormecido e o levamos para a cama. Por volta de 1h30 da manhã ele parou ao lado da minha cama, lutando para respirar. Eu levantei, fechei a porta do quarto para que minha esposa pudesse continuar dormindo e disse a ele para voltar para o quarto que em um minuto eu levaria o medicamento. Quando o remédio estava pronto e eu estava na cozinha, algo aconteceu, uma coisa que nunca havia experimentado antes. Naquela noite tive um colapso no chão da cozinha e senti uma dor que nunca havia experimentado em toda a minha vida.

Senti uma compaixão profunda pelo meu garotinho com então oito anos de idade. Não consigo descrevê-la em palavras, era como se meu interior tivesse sido retalhado em pedaços. Deitado no chão da cozinha sentindo uma dor intensa dentro do meu peito, clamei: "Deus, você precisa curar meu filho esta noite."

Era a compaixão normal que um pai sente pelo seu filho, mas muito mais profunda. Pensei que fosse morrer se meu filho não fosse curado. Foi a compaixão de Deus que se apoderou do meu coração, não sei quanto tempo fiquei no chão da cozinha e clamei a Deus, mas quando me levantei e fui até o quarto do meu filho, ele estava completamente curado. Os médicos confirmaram o milagre, mas disseram que era impossível.

Naquele dia, falei com Deus:

— Senhor, não compreendo, orei centenas de vezes e ele não foi curado.

E o Senhor respondeu:

— O que você sentiu hoje foi a minha compaixão, você sentiu o meu coração, e isso liberou o milagre.

Precisamos equilibrar fé com amor, não precisamos nos tornar apenas valentes da fé, mas precisamos capturar o coração compassivo de Deus, pois Ele é um Deus de compaixão. Deixe o amor energizar a sua fé, nada além do amor vem de Deus, pois Ele é amor. Se sentirmos o coração de Deus, se sentirmos sua compaixão, o quanto Ele ama o mundo e cada pecador perdido, se apenas pudéssemos sentir, apenas por um minuto, o que Deus sente pelos perdidos, teríamos fé para salvar os perdidos, porque o amor de Deus encheria de poder a nossa fé. O amor puro de Deus nos colocaria de joelhos, e nos ajudaria a compreender que não temos nada em nós mesmos e que precisamos de fé, a fé de Deus.

Há algumas semanas disse à minha esposa que estaria disposto a deixá-la sozinha por três meses e viajar o mundo todo, desde que pelo menos uma pessoa fosse salva.

O coração de Deus para com os perdidos, os enfermos e os necessitados é cheio de compaixão. Não quero ser um daqueles heróis da fé que são duros com as pessoas fracas na fé. Geralmente, depois de ter orado por pessoas doentes, volto para meu quarto de hotel, deito na minha cama e choro por aqueles que não foram curados. Deus é amor, por isso nossa fé precisa estar equilibrada com amor. Você pode ter a maior fé do mundo, mas sem amor você não é nada. Jesus estava cansado quando as multidões se achegavam a Ele (ver Mateus 20:34, Lucas 7:13), mas a Bíblia diz que Ele era movido de compaixão e curava os enfermos. No grego, ser "movido de compaixão" significa ser dilacerado por dentro. Não há dúvidas de que precisamos balancear fé com amor.

6

A Fé recebe

É muito importante chegarmos a um ponto no qual podemos receber o amor de Deus em nosso coração, porque somente podemos dar aquilo que recebemos do Senhor.

Muitas pessoas acham que é mais fácil dar do que receber. Eu mesmo era uma pessoa assim. Sempre amei dar, minha esposa e eu somos muito generosos e sempre damos as coisas. Em nossa casa temos a seguinte política: vivemos a nossa vida como se não possuíssemos nada. O Senhor pode enviar qualquer pessoa para a nossa casa, ela pode ficar o tempo que quiser. Pessoas que eu nunca vi antes chegam e permanecem em minha casa o tempo que quiserem. Elas me mandam e-mails, dizendo:

"Quero ficar na sua casa", aos quais sempre respondo: "Claro, essa é a casa do Senhor."

Não faz muito tempo uma pessoa me ligou e disse:

— Há uma família de três pessoas que está se mudando para a cidade e a casa deles não está pronta. Eles não têm dinheiro, eles podem ficar com vocês algumas semanas?

— Claro — E eles ficaram por dois meses.

Sempre dizemos às pessoas que qualquer coisa que elas virem e gostarem pode ser usada. Você precisa de um carro? Pode usar o meu, aqui estão as chaves. Você quer pilotar minha moto? Fique à vontade, a chave está aqui. Se estiver faminto, abra a geladeira, não precisa me perguntar se pode comer, apenas pegue o que quiser, a única coisa que você não pode tocar é a minha esposa.

Não digo que todas as pessoas deveriam viver como vivemos, mas nós optamos por viver assim. Amo dar, e é muito divertido. Algumas vezes vou a um restaurante e Deus me diz que a garçonete precisa de ajuda, e eu dou uma boa gorjeta. É divertido dar, mas eu nunca consegui receber nada, sempre foi muito difícil para mim receber alguma coisa, até que Deus falou comigo que isso era orgulho. Eu era orgulhoso demais para receber. Ouvir isso foi doloroso, afinal, quem quer ser orgulhoso? E eu precisei me arrepender do meu orgulho.

Então, Deus me mostrou que Ele não quer que sejamos reservatórios, e sim canais. O reservatório armazena as coisas, ao passo que os canais servem para que as coisas fluam. Deus quer que sejamos seus canais de amor, compaixão e bênçãos para um mundo morto. Como podemos ser um canal se nada flui para nós? Se nada flui em você, nada poderá fluir através de você, portanto, como Deus pode fazer de nós uma bênção se não recebermos e aceitarmos ser bênção? Como poderemos dar se não recebemos? Muitos cristãos não conseguem receber, mas se você não pode receber, nunca será capaz de caminhar na jornada da fé. Pessoalmente orei por milhares de pessoas todos os anos e vi isso acontecer vez após vez: quando as pessoas vêm receber oração de cura, em muitos casos é difícil receberem a cura ou a bênção de Deus, pois elas estão muito focadas em dar. Elas oram em línguas, ficam tensas e querem dar algo a Deus, em vez de apenas receberem o amor, a misericórdia e a compaixão do Senhor. Graças a Deus, depois que o Senhor falou comigo pude me arrepender do meu orgulho para receber de Deus. Hoje, quando Deus me dá uma palavra de conhecimento sobre cura, as pessoas geralmente vêm a mim e começam a orar. Eu lhes peço para pararem:

— Não lhe chamei aqui para que você ore, por favor, pare de orar. Você está orando demais — elas olham para mim chocadas.

— Orar demais? Como assim estou orando muito? Você nunca pode orar demais.

— Pode sim, apenas pare de orar. Por que você veio à frente? — Pergunto a elas.

— Porque o senhor me chamou, pastor.

— O que eu disse? Disse que Deus vai curar você. Deus lhe disse: "Venha aqui, tenho um presente para você." Se alguém vem a mim e me diz que tem um presente para mim, eu não digo: "Por favor, por favor, me dá esse presente, por favor, por favor, por favor, por favor, por favor, por favor, creio que você pode me dar esse presente, eu creio, por favor, por favor." O que vai acontecer? Você vai sair com o presente? Não! A única coisa que você precisa dizer é "obrigado", e receber o presente.

A fé recebe, e muitos cristãos não conseguem experimentar o que Deus tem para eles porque não aprenderam a receber. Entenda que você não pode adquirir um milagre que seja, todos os seus jejuns e orações não farão de você mais capacitado para obter o milagre. Mas, então, por que oramos e jejuamos?

Minha rotina de jejum e oração me coloca diante de Deus, mas não faz com que eu seja mais merecedor do que qualquer outra pessoa. Jesus já pagou pelo meu milagre, não posso adquiri-lo pelo meu esforço, mas o jejum e a oração me posicionarão diante de Deus para receber o que Ele tem para mim. Não estou falando de intercessão, que é algo completamente diferente. Intercessão é quando oramos por outra pessoa e a apresentamos diante do trono de Deus. Mas quando preciso de alguma coisa de Deus, tenho de aprender a receber pela fé.

A oração é muito importante. A Bíblia diz que devemos fechar a porta do nosso quarto (ver Mateus 6:6). Precisamos aprender a nos trancar no quarto e orar ao nosso Pai celestial e derramar nosso coração diante dele.

Construí um cantinho da oração em minha casa e quando estou lá, todas as manhãs, para orar e investir tempo com Deus, não é permitido usar celular, internet, computador, nada. Minha família tem a instrução de sempre que eu estiver no quarto de oração, ninguém deve entrar para me incomodar até que eu saia dele.

Você pode pensar que eu sou louco, mas sempre digo à minha família, mesmo que a casa esteja em chamas, ninguém deve me incomodar, pois vou ficar lá até que tenha orado tudo o que tiver para orar. Orar em nosso quarto é mais importante do que orar em um lugar no qual as pessoas podem nos ouvir.

Quando se trata de orar e receber, precisamos aprender a abrir nossas mãos e nosso coração e apenas dizer: "obrigado, Deus, pelo que o Senhor está me dando." A fé recebe e agradece pelos milagres.

7

FÉ E ESPERANÇA

Hebreus 11:1 diz: "A fé é a certeza de coisas que se esperam, a convicção de fatos que se não veem." A maioria dos cristãos conhece o capítulo 11 de Hebreus, eu mesmo estudei esse capítulo muitas vezes, especialmente o versículo 1. Uma das palavras em grego nesse versículo só aparece outras cinco vezes em todo o Novo Testamento. Em muitas línguas esse versículo não é traduzido corretamente. Na verdade, o que versículo diz é: "A fé é a *substância* das coisas que esperamos."

É importante compreendermos a diferença entre fé e esperança. A esperança é uma parte importante da fé, mas não é a fé em si, pois ela nunca trará os milagres à sua vida. A esperança, sozinha, não funciona, e ainda sim muitos cristãos vivem na esperança, pensando que têm fé quando, na verdade, não a têm, pois confundiram essas duas coisas. Assim, eles ficam muito desapontados.

A esperança, de um modo geral, é aquilo que você deseja, que você espera receber ou que aconteça, tem a ver com o seu futuro. Porém, sem fé não existe a *substância* daquilo pelo qual você está esperando. De acordo com Hebreus 11:1: "A fé é a substância das coisas que esperamos." A palavra grega para substância significa "colocar debaixo de uma fundação, como uma estrutura que mantém as coisas juntas".

Você pode ter esperança para ter algo que você quer muito, você pode sonhar e orar sobre isso, seu coração pode até se desesperar para obter o seu desejo. Por exemplo, vamos dizer que você realmente precisa de um carro, e você tem uma esperança incrível dentro de você de que você terá esse carro. Quanto mais você ora por ele, pensa e sonha, as suas emoções são cheias e a esperança de ter um carro novo aumenta, e é por isso que muitas pessoas têm um problema, porque elas sonham tanto, desejam tão fortemente algo, falam sobre isso e oram, suas emoções são cheias disso, elas se convencem que têm fé para esse novo carro, e que, portanto, receberão isso de Deus. Mas isso não é fé, isso é esperança, é apenas aquilo que você realmente quer e deseja.

A esperança, entretanto, não move o mundo espiritual e a mão de Deus; a fé sim. Como podemos receber o nosso milagre? Nossa esperança precisa de fundamento, algo que trará substância. Qual é a substância e o fundamento para o nosso milagre? A fé.

A Bíblia diz que a fé coloca fundamento à nossa esperança e dá substância a ela, mas não podemos ter uma fé genuína a menos que decidamos subir os degraus da escadaria da fé da qual falamos anteriormente. Apenas as promessas de Deus são a base para a nossa fé, não os nossos desejos e anseios. Você pode pedir a Deus aquilo que você deseja e Ele, em sua infinita bondade, responde as suas orações, mas Ele também pode não responder.

Para trazer toda a provisão sobrenatural para a vida diária, você precisa da fé de Deus, a fé que move montanhas, e não apenas a esperança.

Não importa o quão apaixonado e desesperado você esteja sobre algo, o quão forte o seu desejo seja, e o quanto você ore por isso, você precisa mudar de esperança para a fé, a fim de que seu milagre seja liberado. Quando você muda daquilo que quer e deseja para aquilo que Deus garante e promete a você, então sua esperança terá fundamento e poderá crer no que Deus prometeu e receber o milagre. Seus desejos e anseios não receberam fundamento, e a sua fé é a certeza de algo que ainda não foi visto. Podemos ficar tão empolgados que confundimos fé com esperança, especialmente se alguma coisa é muito importante para nós e realmente a desejamos. Entretanto, a fé verdadeira é a substância, o fundamento daquilo que esperávamos para receber de Deus, e ela também é a certeza das coisas que não se veem com os nossos olhos naturais, apenas com os olhos do coração.

Podemos confessar, proclamar, declarar e até mesmo jejuar, nossas emoções podem se fortalecer a ponto de continuarmos dizendo que cremos e que receberemos, mas, na realidade, é apenas a esperança, ela não tem fundamento, mesmo que você pense que está agindo com fé.

Qual é a base para a fé? O fundamental é saber o que Deus quer para você e o que Ele lhe prometeu. Se você quer um novo carro, por exemplo, mas não tem dinheiro para comprar um, a pergunta que você deve se fazer é: Deus quer que eu tenha um carro? Você precisa descobrir por si só. Fale com Ele, busque a sua face, estude a Bíblia e as promessas de Deus, e Ele falará com você e lhe dará uma promessa.

Somente então você terá base para a sua fé, que é a Palavra de Deus e que Ele proverá, porque a sua fé trará a provisão sobrenatural de Deus para a sua vida natural. Você não precisará manipular as pessoas ou implorar por dinheiro ou por um carro novo. Se você tem esperança de ter um carro novo, então você vai precisar se mover da fé para a esperança, para que tenha um firme fundamento, uma substância para a sua esperança, e no tempo perfeito de Deus você receberá o seu carro.

Hebreus 11:1 diz que a fé é a evidência de algo que não pode ser visto. Depois que você mudou da esperança para a fé, você sabe no fundo do seu coração que terá um carro novo, você contará a todos que terá um carro novo e que Deus proverá para você. As pessoas perguntarão a você:

— Como você pode dizer isso?

E você poderá lhes dizer:

— Porque a minha fé é a prova, a evidência de que eu receberei de Deus, apenas veja!

— Quando você receberá isso?

— Não sei, mas vou ter um carro novo.

Certa vez eu realmente quis um carro novo, eu fiquei tão preso a isso, proclamei, declarei e pensei que tinha fé, mas era apenas esperança, então, um pregador veio até mim e disse que eu estava vivendo em esperança e que não tinha fundamento. Ouvir aquilo me desapontou, entrei no meu quarto de oração e orei, jejuei e Deus me disse que primeiramente eu deveria buscar o seu Reino e justiça para que todas as coisas fossem acrescentadas a mim. Deus falou ao meu coração que eu teria um carro novo porque eu realmente precisava. Nesse ponto mudei da esperança para a fé, então eu passei a saber dentro do meu coração que receberia e que aquilo seria suficiente para mim. Minha fé era a evidência para o carro novo que receberia, mas que ainda não via.

Muitos cristãos permanecem na esperança, eles suam, oram, proclamam, mas terminam desapontados, pois a esperança não lhes trará o milagre. A esperança projeta para o futuro, quando nos movemos da esperança para a fé, recebemos os milagres passamos da esperança de que algum tempo no futuro acontecerá para algo mais concreto: saber do fundo do nosso coração que já é nosso. E é isso que trará o mundo espiritual ao natural.

A esperança é muito importante, Deus quer que sonhemos e tenhamos esperança, creio que Deus quer que cada um de nós sonhe, não apenas à noite, mas sonhos reais dentro do nosso coração.

Sua imaginação é um dom de Deus, Ele nos fez assim. Toda criança tem sonhos: "Quando crescer quero ser uma princesa", ou "quando crescer quero ser um bombeiro". Então crescemos e nossos sonhos se desmantelam, nos ferimos, nossos sonhos são destruídos e desanimamos. E é por isso que muitos adultos não conseguem sonhar mais.

Sonho todos os dias e ao longo do dia também. Quando vou ao dentista, sempre digo a ele que não quero anestesia. Minha esposa diz que sou louco, apenas sento na cadeira e sonho com milhares de pessoas sendo salvas ao redor do mundo, mortos sendo ressuscitados, o diabo sendo derrotado e o Reino de Deus vindo com poder. Sonho com cada nação vendo o poder de Deus, paralíticos andando, surdos ouvindo e cegos vendo. Quando me dou conta, o dentista me diz:

— Acabamos.

— Sério? Obrigado, foi excelente.

Faço isso há mais de 30 anos e funciona! Nossos sonhos são poderosos, Deus nos deu mente e imaginação, Ele quer que tenhamos sonhos e esperança, mas eles precisam ter substância, que é a fé, caso contrário nossos sonhos nos desapontarão.

Não nutro apenas esperança sobre o mover de Deus na Áustria, *tenho fé* nisso, porque realmente quero e sonho com isso. Mas também porque Deus falou comigo e me deu a promessa dele para a minha nação, por isso mudei de esperança para fé.

Minha esperança agora tem substância. Há duas semanas estava no meu país, lugar que pessoas dizem que é muito duro, e eu vi um homem largar suas muletas e andar, vi uma mulher que tinha diabetes tipo 1 há trinta e sete anos ser completamente curada, um homem com hérnia de disco correndo e sendo curado. A esperança é boa, mas você precisa se mover da esperança para a fé, precisa sair da esfera daquilo que você deseja para aquilo que Deus quer para você.

Abraão queria um filho, ele disse a Deus que desejava um filho, ele tinha esperança de ter um filho, mas até que Deus dissesse a ele que lhe daria um filho, essa esperança não tinha substância. Quando Deus, finalmente, prometeu um filho a ele, então a esperança passou a ter substância.

Em Gênesis 15:1-4 Deus disse a Abraão para não temer, e Abraão respondeu: "Senhor Deus, que me haverás de dar, se continuo sem filhos e o herdeiro da minha casa é o damasceno Eliézer?" (v. 2). E o Senhor lhe disse: "Não será esse o teu herdeiro; mas aquele que será gerado de ti será o teu herdeiro" (v. 4). Foi nesse momento que a esperança ganhou substância, porque a vontade de Deus foi revelada a

Abraão. A fim de nos movermos da esperança para a fé, temos de alinhar nossas esperanças e nossos sonhos com os de Deus para a nossa vida. Esse é o único jeito, não há atalhos. Não importa o quão fortes sejam os seus desejos, eles apenas criarão esperança, mas quando você os alinha com a vontade de Deus para a sua vida você consegue se mover da esperança para a fé.

Entristece-me ver os cristãos gastando horas tentando convencer Deus a cumprir suas esperanças e sonhos, em vez de alinhá-los com o propósito de Deus para a vida deles. Eles vão atrás do pastor ou do pregador que encontram e pedem: "Pastor, ore por mim, realmente preciso que Deus faça isso por mim."

Eles têm toda essa esperança, mas nunca recebem as coisas de Deus porque a esperança deles não tem substância, quando você diz a eles que precisam abrir mão dos sonhos e colocar seu Isaque no altar, eles ficam bravos com você, mas no final eles terminarão desapontados.

Talvez Deus queira que você tenha exatamente o que você quer, mas você precisa ter a certeza da parte de Deus sobre o que Ele está dizendo e quais são as suas promessas para você, porque sem a vontade revelada de Deus não há fé verdadeira.

Tenho estudado vários grandes heróis da fé e todos eles chegaram à mesma conclusão. Kathryn Kuhlman, Smith Wigglesworth e George Müller, todos disseram a mesma coisa: para chegar a um ponto no qual vivemos uma fé que move montanhas, tivemos de morrer milhares de vezes para nós mesmos, morrer para todos os nossos desejos, anseios e planos, morrer para o desejo de ser importante e não estar preocupados com a opinião das outras pessoas.

Meu professor da escola bíblica era amigo de Smith Wigglesworth, e ele conta que certa vez Wigglesworth saiu do quarto e disse: "O Senhor falou comigo essa manhã e disse que me queimaria completamente até que não haja mais nenhum vestígio de Smith Wigglesworth deixado em mim, apenas Jesus Cristo. Como anseio para que isso aconteça!"

Deus quer que mudemos da esperança para a fé, que possamos dizer: *Seja feita a Tua vontade nos meus sonhos!* Isso é alinhar-nos completamente com o propósito de Deus, e o preço desse alinhamento é a morte para o nosso eu. Jesus disse que aquele que quisesse vir após ele, deveria morrer todos os dias, tomar a cruz e segui-lo. O apóstolo Paulo disse: "Para o conhecer, e o poder da sua ressurreição, e a comunhão dos seus sofrimentos, conformando-me com ele na sua morte" (Filipenses 3:10).

Nós, cristãos, queremos o poder da ressurreição, mas não há ressurreição sem morte. Precisamos morrer para nós mesmos, pegar todos os nossos sonhos egoístas, desejos e anseios e alinhá-los ao propósito de Deus.

Quando você muda da esperança para fé, então você fica disposto a mudar o que antes desejava para aquilo que Deus vai lhe dar. A esperança crê naquilo que Deus pode, a fé acredita que Deus pode. Se você orar com base na esperança, orará assim: "Sei que *podes fazer* isso, Deus." Ao passo que a fé diz: "Sei que Deus *fará isso*! Eu costumava acreditar que eu era capaz de fazer isso, Senhor, mas agora, me movi da esperança para a fé e sei que somente tu podes fazer. Meus sonhos receberam substâncias e agora sei que farás."

A fé se manifesta quando não nos resta nenhuma esperança. Em Romanos 4, a Bíblia diz que Abraão creu "contra a esperança", e é por isso que ele recebeu o milagre. Quando falamos sobre a diferença entre fé e esperança, precisamos entender que sem a revelação da vontade de Deus, nunca haverá fé verdadeira. Você pode querer ou ansiar pelas coisas, mas a fim de ter a fé bíblica você precisa saber qual é a vontade de Deus.

Aqui está uma verdade importante sobre a fé: ela é uma questão de coração, e não de cabeça, precisamos entender isso porque não importa o quanto a nossa alma grite, o importante é o que crê o nosso coração. À medida que você estuda e medita na Palavra de Deus, seu coração se convence e é persuadido pelas promessas de Deus e, quando ele é convencido, as promessas de Deus se tornam realidade e passam a pertencer a você. Nesse momento, o Espírito Santo transfere a fé de Deus para o seu coração e a promessa, portanto, torna-se realidade, antes que você a veja materializada e concretizada com seus olhos naturais.

8

O Substantivo versus o Verbo: Fé versus Crer

Neste capítulo vamos falar de fé a partir de conceitos diferentes: substantivo e verbo. Até agora temos falado de fé como *substantivo*, mas ainda não falamos sobre o verbo crer, a ação. Há uma grande diferença entre *fé* e *crer*. Como vimos, a fé é um dom de Deus colocado por Ele em nosso coração. Se Deus não nos der fé, não podemos ser salvos.

A Bíblia diz em Romanos 10 que a fé, no sentido de ser salvo, vem pelo ouvir. À medida que você ouve o Evangelho, Deus coloca fé no seu coração, mas crer é a sua parte, é algo que você precisa *fazer*.

Deus lhe dá a fé dele, mas você precisa usá-la e decidir crer.

Todo cristão recebeu de Deus uma medida de fé, conforme visto anteriormente, mas esse é apenas o começo da jornada da fé. Há uma grande diferença entre fé e crer a primeira vem de Deus, você não pode inventar ou simplesmente ligar, não é possível fazer a fé nascer em nós mesmos. Mas, sabendo que recebemos a fé, a pergunta importante é: o que você faz com a fé que Deus lhe deu? Essa pergunta é fundamental, pois é aí que começa a ação: crer.

A fé tem a ver com Deus, vem do coração de Deus para o nosso coração. Entretanto, o que fazemos com esse dom maravilhoso de Deus é nossa escolha, nossa responsabilidade, não tem nada a ver com Deus. Ao longo de toda a Bíblia vemos uma parceria perfeita entre Deus e o homem, contudo é nossa responsabilidade exclusiva e completa decidir o que faremos com a fé, se vamos usá-la ou não. Deus lhe dá a fé dele, mas só quando você começar a usá-la ela irá crescer e trazer resultados. Você precisa compreender que é nossa completa responsabilidade usar a nossa fé e crer.

A Fé é como um músculo

A jornada da fé começa depois de Deus ter nos dado a fé que vem dele. A fé é como um músculo e, como tal, só cresce quando é exercitada. Se você parar de usar seus músculos por um longo tempo, o que acontece? Eles enfraquecem. Na verdade, pessoas que passaram por algum acidente que limitou o movimento de seus músculos por muito tempo precisam reconstruí-los.

Um amigo sofreu um acidente, uma fratura complicada na perna. Ele ficou com a perna completamente imobilizada por alguns poucos meses, e durante esse tempo não podia andar ou movimentá-la. Quando o gesso foi retirado, a perna acidentada estava muito mais fina do que a outra. Por quê? Nossos músculos atrofiam e ficam menores quando não os usamos, apenas ficam fortes quando são usados.

A mesma coisa acontece com a fé: se não usarmos a fé que Deus nos deu com uma atitude de crer em cada promessa do Senhor, caminhar e viver uma vida de fé, ela enfraquecerá. É por isso que precisamos exercitá-la por meio da ação.

Constantemente me coloco deliberadamente em situações na qual preciso de mais fé, situações nas quais preciso exercitá-la por meio do crer, pois sei que se não fizer isso ela enfraquecerá.

Por que os fisiculturistas têm os músculos maiores do que os meus? Eles nasceram com músculos maiores? Por um acaso um dia acordaram e seus músculos estavam grandes e fortes? É óbvio que não. Eles tomaram a decisão de usar os músculos que Deus lhes deu e trabalhá-los por meio do exercício, do levantamento de pesos. Eles venceram a dor e seus músculos se desenvolveram.

Por que alguns cristãos são grandes heróis da fé, experimentando constantemente o poder e a provisão de Deus, enquanto outros parecem ser tão fracos? Deus é injusto? Ele, por um acaso, dá a alguns cristãos mais fé e decide que eles se tornarão heróis, enquanto a esconde de outros? Creio que não.

Creio que alguns cristãos estão dispostos a pagar o preço para andar em intimidade com Deus e usar a fé que Ele lhes deu ao crerem contra a esperança, escolhendo crer em tudo o que Deus tem prometido, mesmo contra toda pressão imposta sobre eles. O substantivo *fé* é um presente de Deus, entretanto, o verbo *crer* é inteiramente uma questão de escolha. Você escolhe o quão grande os músculos da sua fé crescerão, e faz isso por meio do exercício de escolher crer em tudo o que Deus prometeu a você. Ninguém pode fazer isso em seu lugar. Você pode participar de todas as conferências proféticas do mundo, receber imposição de mãos dos pregadores mais ungidos e até uma transferência do dom da fé, ainda sim é necessário fazer uma escolha de acreditar naquilo que faz o músculo da sua fé crescer.

Muitas pessoas temem a caminhada da fé, querem ter uma vida segura e ter tudo perfeitamente programado, sem nenhuma possibilidade de risco. Essas pessoas nunca vão se mover em novas áreas nas quais precisem dar um passo de fé. Eles são como os 11 discípulos que ficaram no barco, e não como Pedro, que aceitou o risco, pisou fora do barco e andou sobre as águas.

Essa é a maneira errada de pensar e viver a vida cristã. Pessoalmente, já coloquei em minha mente que a verdadeira segurança vem quando nos movemos constantemente nas áreas que requerem mais fé. Movo-me nessas áreas deliberadamente, pois nelas preciso ter mais fé e colocá-la em prática. É assim que ela cresce e se torna cada vez mais forte. Portanto é fundamental aprendermos esse conceito.

9

A Realidade do Mundo Espiritual

Olhe o que Marcos 11:24 diz quando Jesus está falando com seus discípulos: "Por isso, vos digo que tudo quanto em oração pedirdes, crede que recebestes, e será assim convosco." Esse versículo é muito interessante. De acordo com ele, primeiro você precisa crer que tem aquilo que você ora e que você receberá, para depois receber de fato. Ele mostra o quanto precisamos compreender a realidade do mundo espiritual.

Há muitas passagens na Bíblia que provam a realidade do mundo espiritual. No livro de Josué, por exemplo, Deus disse a Josué: "Vá e tome posse da terra que já lhe dei" (ver Josué 1). O que Deus disse? Ele disse "a terra que já lhe dei" essa frase está no passado. Eles tinham a terra? Não, mas Deus já a *dera* a eles, apesar de ainda não a terem possuído.

O que eles tiveram de fazer? Deus disse: "Todo lugar que pisar a planta do vosso pé, vo-lo tenho dado, como eu prometi a Moisés" (Josué 1:3). Eles tiveram de trilhar a caminhada da fé, tiveram de crer no mundo espiritual e tomar posse daquilo que Deus disse que já tinha lhes dado. É assim que funciona na jornada da fé: devemos confessar e declarar que já recebemos a nossa terra prometida, enquanto avançamos e tomamos posse dela. Não vemos a promessa concretizada ainda aqui na terra, mas a recebemos no mundo espiritual, que de fato é muito real.

Antes de receber a promessa ou o milagre na terra, ela já existia no céu, portanto precisamos crer que aquilo pelo que temos orado é nosso, se for de acordo com a vontade e a promessa de Deus. Essa promessa virá a nós e a receberemos no nosso mundo natural. Se Deus lhe deu uma promessa, se você tem orado por algo específico em sua vida e tem subido os degraus da escadaria da fé, se Deus falou ao seu coração: "Isto é o que farei por você", então você precisa chegar até o ponto de crer nisso. Ninguém pode fazer isso por você! Ao perceber que o que Deus disse é para você, você precisa parar de orar por isso e começar a declarar, proclamar e dar graças: "Pai, obrigado pela promessa que tu me destes, ela é minha." Confesse com fé. É muito importante compreender isso, porque se você não usar constantemente o dom da fé *crendo*, ele enfraquecerá. Continue exercitando seus músculos.

Como profetizamos? A Bíblia diz que fazemos isso pela fé. Muitas pessoas profetizam por um tempo, mas depois param, porque profetizar exige fé e muitos têm medo de trilhar esse caminho, pois exige colocar o pé na "incerteza". Mas o fato é que essa incerteza só existe no mundo natural, no âmbito espiritual existe apenas a certeza, porque estamos apenas afirmando aquilo que Deus falou.

A Bíblia diz em 2 Coríntios 10:15: "Não nos gloriando fora de medida nos trabalhos alheios e tendo esperança de que, crescendo a vossa fé, seremos sobremaneira engrandecidos entre vós, dentro da nossa esfera de ação." Como a fé cresce? Quando a usamos, crendo em tudo o que Deus nos promete essa é a única maneira de ter fé.

Se você viver uma vida cristã ativa, mas nunca der um passo de fé, nunca ousará acreditar em Deus para o impossível e sua fé se tornará cada vez mais fraca. As pessoas que têm uma grande fé a têm por uma razão: elas se dispuseram a pagar o preço. Essas pessoas *não* acordaram com uma fé incrível de repente. Cada herói da fé pagou um alto preço por isso. Estude a vida deles e você verá que o preço era constante. Smith Wigglesworth disse: "Uma das minhas coisas favoritas é ficar trancado no quarto com uma pessoa doente." Como ele pôde dizer isso? Ele ousou crer que Deus o curaria, portanto, exercitava sua fé constantemente.

O PODER DAS PALAVRAS

Também exercitamos nossa fé com aquilo que falamos. Você concorda comigo que a comunicação é muito importante? Se você é casado, descobrirá isso facilmente. Já realizei muitos casamentos e geralmente digo aos casais que a comunicação é muito importante para um relacionamento saudável. Digo-lhes que a esposa tem a necessidade de falar, falar, falar e falar, e que o marido precisa ouvir, ouvir e ouvir. Por que digo isso? Porque os homens são péssimos ouvintes, precisamos ser treinados para nos tornarmos bons ouvintes.

A comunicação é muito importante, mas a razão original da criação da linguagem não foi a comunicação. Deixe-me explicar isso com base na *Lei da Primeira Menção*. Se você quer aprender a interpretar a Bíblia corretamente, precisa compreender essa lei. Trata-se de uma lei muito comum na teologia, que ensina que precisamos descobrir onde algo foi mencionado a primeira vez na Bíblia, e interpretar o restante do assunto com base na maneira como ele foi tratado na primeira vez. Em resumo, a primeira vez que Deus menciona algo na Bíblia serve de parâmetro para aquilo que Ele quer nos dizer sobre o assunto em outras passagens.

Portanto, onde encontramos a primeira menção à fala na Bíblia? Em Genesis 1:1-3:

> No princípio, criou Deus os céus e a terra. A terra, porém, estava sem forma e vazia; havia trevas sobre a face do abismo, e o Espírito de Deus pairava sobre as águas. Disse Deus: "Haja luz"; e houve luz.

Essa é a primeira menção à *fala*, entretanto, vemos que ela não serviu para a comunicação e sim para a criação. Portanto, o propósito original da linguagem é criar, pois quando Deus fala, Ele cria. Você já percebeu que muitos dos milagres de Jesus foram realizados pela fala? "De acordo com a tua fé seja feito. Seja livre do seu sofrimento."

Nossas palavras têm um poder criativo incrível, espero que você possa se apoderar dessa verdade, pois essa é uma questão muito importante no que diz respeito à fé e ao verbo crer. Deus falou e criou, e esse princípio não mudou. O que acontece quando Deus lhe dá uma promessa? Quando Deus fala com você? Quando Deus lhe dá uma palavra profética? Ele diz o que Ele faz? Sim, Ele cria o seu milagre no mundo espiritual.

Podemos pensar que Deus fala apenas para se comunicar conosco, porém, apesar de ser uma das funções da comunicação, precisamos entender que quando Deus fala e nos dá uma promessa, Ele também a cria no âmbito espiritual. No momento que dá a promessa, Ele criou o que prometeu no Reino do espírito. Portanto, seu milagre já existe. Se Deus prometeu que o usará poderosamente em milagres e curas, no momento que essas palavras saíram da boca de Deus, o seu ministério sobrenatural passou a existir, foi criado no Reino do espírito.

Somos chamados para sermos criadores em parceria com Deus, para que possamos trazer a realidade do mundo espiritual para a terra. Para que isso aconteça precisamos criar em parceria com Deus, temos de ter fé e temos de usá-la, temos de crer e declarar o que Ele já declarou.

Por que razão Deus mudou o nome de Abraão? Veja, Abraão chamava-se inicialmente Abrão, que significa "pai exaltado". Então, Deus vem a ele e diz: "Vamos dar uma volta, venha comigo Abrão (pai exaltado)". Nós lemos *Abrão*, mas Deus não o chama pelo nome, ele estava falando na língua nativa de Abrão, por isso ele estava chamando: "Venha, pai exaltado", e continua dizendo: "Olhe para o alto, você vê todas essas estrelas? Esse é o número de descendentes que lhe darei." O que aconteceu? Deus falou no mundo espiritual, portanto esses descendentes passaram a existir, porque quando Deus fala, Ele cria. Em seguida, Deus pensou: *Preciso levar Abrão a um ponto no qual ele falará a mesma língua que eu, preciso mudar a confissão dele. Então, vou fazer o seguinte, mudarei seu nome e passarei a chamá-lo de Abraão (pai de multidões).*

Deus mudou o nome de Abrão para Abraão, que significa "pai de multidões". Depois disso, toda vez que Sara preparava o café da manhã, ela dizia: "Pai de multidões, venha tomar café". Todas as vezes que seus servos o chamavam, eles diziam: "Pai de multidões, o que devemos fazer?" Por que Deus fez isso? Porque o que sai da nossa boca é muito importante em uma vida de fé e no mundo espiritual.

As palavras têm um poder criativo. Se falarmos as palavras de Deus, traremos a realidade espiritual para o âmbito natural, então precisamos dizer o que Deus diz. Se Deus lhe deu uma promessa, quer seja na Bíblia ou algo que Ele falou ao seu coração ou por meio de uma profecia, não libere palavras contrárias. Não diga, "Isso é impossível", diga o que Deus diz: "Vou ter um ministério poderoso no sobrenatural, vou ser usado para liderar centenas de milhares de crianças para Cristo", ou qualquer outra coisa que Deus tenha falado com você.

"Pastor, você é tão arrogante, por que você diz isso? Quem você pensa que é?" Não se trata de arrogância, mas Deus me disse e vou proclamar a mesma coisa que Ele falou, não me importo com o que as pessoas pensam, vou falar o que Deus disse.

Aprendi isso há muito tempo. Por muitos anos, jejuei e orei para ver mais milagres e vi milhares deles, porém, quando oro pelos enfermos, na verdade não oro, apenas falo o que Deus fala: "Dou uma ordem para esse câncer morrer!", eu declaro, pois as palavras de Deus na minha boca são tão poderosas como as palavras dele em sua boca.

Quando plantamos a nossa primeira igreja na Áustria, foi um período muito difícil. Fomos a uma cidade de trinta mil pessoas, na qual havia apenas uma igreja evangélica nela havia alguns cristãos que estavam presos à religião e rejeitavam o Espírito Santo, não acreditavam nos dons do Espírito. O pastor local não ficou feliz com a nossa chegada, pois temia que pudéssemos roubar o seu rebanho. Disse a ele: "Eu não quero suas poucas ovelhas, quero as pessoas que não foram salvas, foi para isso que vim para a cidade." Oramos e jejuamos intensamente e um dia Deus falou conosco. Ele disse: "Estou chamando pessoas do Norte, do Sul, do Leste e do

Oeste para vir a esta igreja." A partir desse momento, passamos a mudar as nossas orações. Costumávamos nos reunir em um quarto e orar no espírito, olhando para o Norte e declarando: "Chamamos as pessoas do Norte para vir a esta igreja", virávamos para o Sul e dizíamos: "Chamamos as pessoas do Sul para vir a esta igreja", e continuamos a declarar o que Deus disse. Em questão de semanas, as pessoas começaram a vir para a igreja como em um passe de mágica. Por quê? Porque quando Deus fala, Ele cria, e tenho o privilégio de trabalhar com Deus e criar com Ele. É importante entendermos que precisamos dizer o que Deus diz, não o que sentimos ou vemos ou o que a circunstância diz, mas apenas o que Ele declarou. Não estou dizendo que se você sair declarando qualquer coisa que desejar irá receber; estou dizendo que você precisa dizer o que o Senhor diz.

Há muitas pessoas que ensinam o seguinte: declare e diga o que você quer e lhe será dado. Mas isso não é uma verdade bíblica. Não devemos declarar o que queremos pensando que obteremos, mas sim dizer o que Deus diz, pois somente o que Ele diz tem poder criativo.

No capítulo 4 de Hebreus, a Bíblia nos diz o motivo pelo qual o povo de Israel não entrou na terra prometida. Eles não trabalharam a Palavra de

Deus com fé, portanto nunca receberam a promessa. Não sei você, mas o simples pensamento de saber que há uma terra prometida para mim e que eu posso nunca entrar nela é terrível. Deus quer que todo o seu povo herde a terra prometida, mas muitos morrem no deserto. É muito triste pensarmos que Deus tem algo para nós e que podemos não alcançá-lo.

Por que eles não entraram na terra prometida? Eles não a herdaram porque não combinaram a Palavra de Deus com fé. No grego a palavra *combinar* ou *misturar* significa *amalgamar*, ou seja, quando você mistura algo a ponto de dois elementos se tornarem uma unidade indivisível. Por exemplo, se pegar água, areia e cimento e misturar tudo, o que você terá? Concreto. Depois que surge o concreto, você não sabe mais onde está a água, a areia ou o cimento, eles se tornaram uma unidade indivisível.

Outro exemplo é se pegarmos uma supercola, colarmos duas coisas e depois tentarmos separá-las depois que a cola secar. A parte em que houver cola não se dividirá. Esse é o significado de unir a Palavra de Deus com fé; você mistura a Palavra de Deus com a fé em seu coração até que elas fiquem amalgamadas, ou seja, uma unidade indivisível. Nesse momento você herda a sua promessa.

Mas, de uma maneira prática, como você a herda?

Orei por muitos anos: "Deus sou tão grato pelo Senhor ter me dado sonhos proféticos, porém quero mais, não quero apenas sonhar, mas também interpretar. Quero ver o Senhor em sonho, quero que venhas e fale comigo, não me importo com o que o Senhor quer falar, apenas fale comigo." Orei assim por alguns anos até que uma noite tive um sonho no qual Jesus andava em minha direção e dizia: "Eu te abençoo, te curo e te abençoo." Ele virava as costas e ia embora. Na manhã seguinte, quando acordei, disse à minha esposa:

— Amor, Ele finalmente veio, Ele finalmente veio! Orei por tanto tempo e Ele veio!

— Quem veio?

— Jesus! Ele veio em sonho para mim e disse: "Eu te abençoo, te curo e te abençoo."

— Só isso? — ela disse

— Como assim só isso? Jesus falou comigo em sonho! Como você poder dizer "só isso"?

Poucos meses depois fiz uma bateria de exames periódicos. Quando o médico pegou meu exame de sangue, disse que eu precisava ir imediatamente para o hospital. Isso aconteceu há alguns anos, quando já vivíamos nos Estados Unidos. Eu perguntei:

— Qual é o problema?

— Não quero falar com o senhor sobre isso, o hospital fará isso, mas o senhor precisa ir imediatamente, já marcamos sua consulta.

— Tudo bem — eu disse.

Quando cheguei ao hospital, eles me indicaram aonde deveria ir. Quando saí do elevador, dei de cara com uma porta na qual estava escrito: "Departamento de Leucemia." Pensei: *estou no lugar errado*. Fui até uma enfermeira e disse:

— Por favor, dê uma olhada neste papel, estou perdido, aonde preciso ir?

— Não, o senhor está no lugar certo — ela disse.

Então entrei e a enfermeira deu uma olhada em todos os meus exames e disse:

— O médico logo estará com o senhor.

Eles fizeram mais exames e mais testes, e o médico disse que meu exame de sangue indicava que eu tinha leucemia. Isso não é uma boa notícia quando você está com seus quarenta e poucos anos. Voltei para casa e enquanto estávamos jantando, disse à minha família:

— Preciso contar algo a vocês, o médico disse que estou com leucemia.

— Isso é terrível, o que eles vão fazer? — perguntou minha esposa.

— Nada, porque não vou voltar àquele hospital.

— Mas pai, você precisa ir, você pode morrer — meus filhos disseram.

— Não preciso fazer nada, não vou voltar para o hospital. Sabem por quê? Tive um sonho, no qual meu Jesus falou comigo e quando o meu Jesus fala, Ele cria. Ele disse: "Te abençoo, te curo e te abençoo", quando Ele disse isso já criou a minha cura, então não vou a lugar nenhum. A única coisa que farei é dizer que estou curado porque Ele já liberou isso. Então, quando as pessoas me perguntarem como estou, direi: "Jesus me cura." Elas dirão "Mas como você está?" "Jesus me cura." "Mas como você está se sentindo?"

E continuei:

— Jesus me cura. Isso é o que Ele diz, Jesus não mente. Vou criar com Ele o meu milagre, vou falar dele misturando a Palavra de Deus com fé, até que ele esteja completamente amalgamado e ninguém possa arrancar isso de dentro do meu coração.

Foi fácil? Não, não é fácil crer porque sua mente e seus sentimentos lutam contra a fé; é o que Paulo disse: "Lutei o bom combate." Foi uma luta! A fé nos é dada por Deus, mas o nosso trabalho é crer, isso é uma escolha que você tem de fazer!

Eu disse que continuaria a crer que no que Jesus me revelou e a misturar sua Palavra com fé dentro do meu coração, para que a promessa se unisse a ela e ambas pudessem ser amalgamadas no meu coração. Enquanto isso, o diabo tentava arrancar de mim a promessa, mas eu continuava misturando a Palavra com a fé, pois Jesus disse que iria me curar. Minha mente me dizia que eu era estúpido, que eu poderia morrer, minhas emoções diziam que não me sentia curado, mas meu coração dizia que eu deveria crer naquilo que Jesus disse, e foi o que fiz.

— Volte ao hospital e deixe que eles façam outro teste, assim você poderá ter um diagnóstico que comprove o seu milagre — disse minha esposa algum tempo depois.

Então, depois de algumas semanas voltei ao hospital e não havia nenhum vestígio de câncer no meu sangue, tudo estava perfeito.

Precisamos entender que não podemos receber o milagre simplesmente com a nossa fé ou com o que cremos, precisamos lutar nossas batalhas e ouvir de Deus aquilo que Ele tem para nós. É nesse ponto que muitas pessoas erram e acabam desapontadas, porque tentam obter o milagre com a fé de alguém. Lutei a minha batalha e você precisa lutar a sua, é necessário que você se aproprie da sua promessa em Deus, para que sua fé tenha base e a sua esperança, substância.

Em Romanos 4:17 lemos: "Como está escrito: por pai de muitas nações te constituí, perante aquele no qual creu, o Deus que vivifica dos mortos e chama à existência as coisas que não existem." Deus chama à existência as coisas que não existem como se elas já existissem.

No grego, a palavra *chamar* significa "chamar à existência ou evocar". O que Deus diz não existe no âmbito natural, mas podemos trazer à existência. Abraão creu que Deus chamaria as coisas que não existiam como se já existissem, porque quando Deus as chama, elas começam a existir no mundo espiritual e, no tempo perfeito de Deus, concretizam-se em nossa vida. Se você se apropriar delas pela fé e, assim como Abraão fez, misturar a palavra liberada com a fé, chamará à existência o que Deus já criou no mundo espiritual.

O PODER DO COMANDO E DA DECLARAÇÃO

Em Marcos 11, Deus diz: "Se alguém disser a esse monte: 'Ergue-te e lança-te no mar, e não duvidar no seu coração, mas crer que se fará o que diz, assim será com ele.'" Jesus nunca disse: "Se você orar, Deus moverá essa montanha." A oração é importante, tenho orado muito, ainda oro, mas estamos falando de algo diferente aqui.

Depois de ter orado e ter investido tempo buscando a Deus, depois de Deus ter lhe dado uma promessa e haver fé em seu coração, você não precisa orar para que a montanha se mova. Nós, cristãos, aprendemos muitas coisas sobre oração, mas temos negligenciado o poder do comando e da declaração. Temos de falar pela fé, misturando dentro do nosso coração a palavra liberada com a fé para vermos o milagre acontecer. Isso é uma lei espiritual.

Tenho visto essa lei em ação diversas vezes. Uma vez orei por um homem cujo nariz precisava de cirurgia — um touro correra de encontro a ele e quebrou seu nariz. Vi que havia um osso dentro do seu nariz que estava torto e doía, tive uma palavra de conhecimento de que Deus realmente queria curá-lo, então o chamei à frente. Minha esposa e o pastor da igreja estavam lá quando coloquei a minha mão no nariz dele e falei: "Dou uma ordem para que este osso desapareça agora." Em seguida olhei para ele e disse: "Dê uma olhada no seu nariz." Ele olhou para mim de uma maneira muito estranha e, com cuidado, apalpou o nariz e constatou que o osso tinha desaparecido. Uma hora depois, quando deixei a reunião, ele disse:

— Olhe, veja, olhe! Não tem nenhum osso, tudo se foi!

Voltei na mesma igreja seis meses depois, e ele veio até mim e disse: "Você se lembra de mim? Quando o senhor veio aqui da última vez eu já tinha até a data da cirurgia marcada, mas depois que você orou por mim, não precisei mais de cirurgia."

Na verdade, eu nunca orei com ele, apenas dei uma ordem para que seu nariz fosse curado, porque Deus tinha me dado a palavra de conhecimento de que Ele o curaria.

Oramos muito, mas muitas pessoas não compreenderam o poder criativo de suas palavras. Poderia contar muitas e muitas histórias, algumas completamente estranhas e que parecem loucura, sobre o poder das nossas palavras e da declaração que fazemos com voz de comando.

Para encerrar este capítulo, gostaria de compartilhar uma dessas histórias. Certa vez estava em uma igreja e a esposa do pastor veio até mim e disse que precisava me contar algo que acontecera dois anos atrás, quando eu visitara a igreja deles. Ela disse:

> Depois que terminou de pregar, o senhor fez algo muito doido! Pegou sua garrafinha de água e jogou água nas pessoas, e à medida que o senhor jogava a água, gritava: "Libero o poder curador de Deus." Deixe-me contar o que aconteceu. Um dia antes de o senhor vir à nossa igreja, bati contra uma porta de vidro e quebrei o nariz, que ficou encurvado. Fui ao hospital e eles me disseram que eu precisava de uma correção cirúrgica e marcaram uma consulta. Entretanto, quando o senhor jogou água e declarou a liberação do poder curador de Deus, uma gotinha de água atingiu o meu nariz e instantaneamente ele se alinhou e foi completamente restaurado. Voltei ao hospital e agora tenho dois exames, um dizendo que eu precisava de cirurgia e o outro afirmando que tudo está bem com o meu nariz, mas os médicos não sabem como isso aconteceu.

10

O PERIGO DA FÉ MORTA

Vamos continuar a falar sobre fé. Há quatro tipos de fé: a fraca, a forte, a testada e a morta.

O que é uma fé morta? Thiago 2:18-22 explica:

> Mas dirá alguém: tu tens a fé, e eu tenho as obras; mostra-me a tua fé sem as tuas obras, e eu te mostrarei a minha fé pelas minhas obras. Tu crês que há um só Deus; fazes bem. Também os demônios o creem, e estremecem. Mas, ó homem vão, queres tu saber que a fé sem as obras é morta? Porventura o nosso pai Abraão não foi justificado pelas obras, quando ofereceu

sobre o altar o seu filho Isaque? Bem vês que a fé cooperou com as suas obras, e que pelas obras a fé foi aperfeiçoada.

A passagem bíblica nos mostra claramente que a fé *sem obras* é morta. Como Abraão teve sua fé provada? Primeiramente, ele mudou sua confissão e começou a falar o que Deus havia dito e, depois disso, Deus disse: "Abraão, você recebeu um milagre, mas quero seu filho de volta, quero que ele seja morto e entregue como sacrifício." Em uma situação como essa, a falta de fé diria: "Meu Deus, não posso matar a minha promessa. Deus me deu Isaque, não posso abrir mão dele", mas a fé diz: "Tudo bem Deus, se o matares conforme disseste, o Senhor pode ressuscitá-lo dos mortos." A fé sem obras é morta, porque a verdadeira fé sempre será testada para provar sua autenticidade. E a fé não é provada pelo que você diz que crê, mas pela maneira como reage em tempos de teste e crise. Nossa fé precisa ser vivida em obras para provar que é uma fé bíblica, caso contrário será inútil.

A Bíblia diz em Hebreus que Abraão creu que Deus ressuscitaria Isaque dentre os mortos. Deus testou a fé de Abraão. Como nossa fé é testada e como sabemos se ela é genuína? Nossas reações mostram se a nossa fé é real ou se são meras palavras.

Apenas o que você fala não prova a sua fé, embora aquilo que declaramos seja muito importante, mas você precisa somar obras às suas palavras.

O que você diz e faz em uma reunião na qual a unção de Deus é muito forte? Seu coração se empolga, você se sente impelido a caminhar em fé e abalar o mundo — mas em breve sua fé será provada na prática. Mas, afinal, o que prova a fé? Será que quando você precisa encarar o mundo real, do lado de fora, sua reação (suas obras) é a mesma da reunião onde você estava tão animado? Manter a fé apesar das circunstâncias prova a sua fé e mostra se ela é real ou não.

Vejamos outro exemplo. Quando Deus fala com você que vai usá-lo no ministério do sobrenatural, você fica empolgado, pula e grita, mas isso não prova a sua fé. O que prova a sua fé é o que você faz e como você reage. Você vai sair de lá e orar por um enfermo? O que você vai fazer pela primeira pessoa pela qual orar e ela não for curada? Você vai desistir ou ficar em casa desapontado? Ou você vai dizer: "Deus, creio na sua Palavra e continuarei orando pelos enfermos, não importa o que aconteça." Some obras à sua fé!

Você tem noção de quantas pessoas vêm até mim e dizem:

— Pastor, Deus me prometeu que eu veria milagres, mas não os vejo.

— Por quantas pessoas você orou hoje? — pergunto imediatamente.

— Estou com medo, não quero orar pelos doentes, estou esperando que Deus primeiro manifeste o seu poder e opere os milagres.

Isso é uma fé morta! Se você realmente acredita que Deus prometeu usá-lo no sobrenatural, você precisa colocar sua fé em ação e começar a sair e orar pelos enfermos. Eu orei pelos enfermos enquanto eu mesmo estava doente há 12 anos. Os médicos me disseram: "Faça da dor a sua melhor amiga, porque você nunca será curado." Meu filho adoeceu por muitos anos enquanto eu orava pelos enfermos com ousadia, declarando que Jesus cura. Minha esposa quase morreu enquanto eu estava pregando que Jesus cura os doentes, e continuei orando enquanto ela não era curada. Por que eu fazia isso? Porque a fé sem obras é morta, e não quero que uma fé morta faça parte da minha vida. Continuei orando por todos os doentes que queriam oração, sem me importar com o que aconteceria porque estava determinado a não ter uma fé morta. Venci a dor e me mantive orando pelos doentes, até que um dia algo aconteceu e os milagres começaram a se manifestar em todos os lugares, pois a nossa obediência libera os milagres.

11

A Obediência Libera os Milagres

Muitas pessoas têm medo de obedecer a Deus quando Ele fala com elas porque ficam assustadas, e é por isso que não veem milagres. Vemos na Bíblia que o princípio de obediência é muito poderoso.

Recentemente estava pregando em Washington e, enquanto eu ministrava, um pastor amigo teve uma palavra de conhecimento de que havia pessoas naquela igreja que tinham problemas nas pernas e que Deus queria curá-las. Era uma igreja pequena e apenas três pessoas vieram à frente.

Um homem veio mancando, então meu amigo começou a orar pela primeira pessoa da esquerda e eu comecei a orar pelo homem que mancava.

Quando orava por ele, o Senhor falou ao meu coração: "Ajoelhe-se e beije os pés dele."

Olhei para as calças que ele usava e vi que estavam muito sujas, também vi que seus sapatos estavam em um estado bem precário ele literalmente parecia um mendigo. Então, parei e por um segundo fiquei debatendo em minha mente o que fazer. Olhei para cima e para as pessoas, todos estavam olhando, olhei para minha esposa e pensei: *Agora sim, todos dirão que o Pastor Reinhard é louco.* Foi uma decisão muito difícil.

Enquanto essa batalha era travada em minha mente, pensei: *Não me importo com o que aconteça, sempre obedecerei a Deus, porque é a obediência que libera o milagre.* Ajoelhei-me, beijei seus pés e rapidamente me levantei, então o Senhor disse: "Ajoelhe-se e beije o pé dele novamente." Fiz isso e me levantei de um salto. Então, o Senhor falou mais uma vez: "Ajoelhe-se e beije o pé dele novamente pela terceira vez." Fiz isso e levantei, pois o Senhor não falara mais nada. Então, disse ao homem: "Senhor, ande." Eu não orei por ele em momento algum. Ele olhou para mim em choque e começou a andar perfeitamente. Minha reação foi uma só: *Uau!*

Depois da reunião, eu estava orando e perguntei ao Senhor o que tudo aquilo havia significado. Ele falou ao meu coração que estava testando a minha obediência. Não foi o beijo que curou o homem, o Senhor disse que foi a minha obediência — ela libera milagres.

A fé sem obras é morta. Em Josué 6:1-5, Deus mandou Josué dar voltas nas muralhas de Jericó sete vezes. Elas eram tão altas e largas que na parte de cima podiam passar cavalos e carroças. Como circular uma muralha pode fazê-la entrar em colapso? Por que Deus deu essa ordem ao povo? Por que Deus apenas não pediu que eles recuassem e assistissem enquanto Ele destruía as muralhas? Deus fez isso para mostrar o poder da obediência, para mostrar que é ela que libera o milagre. E há exemplos como esses por toda a Bíblia.

Há outro exemplo maravilhoso, mas também parece uma história cruel. Em 1 Reis 17:7-16, Elias estava sentado junto a um riacho e os pássaros o alimentavam, então a água acabou por conta da seca que o próprio Elias havia profetizado. Deus disse a Elias:

— Vá à casa de uma viúva, ela lhe dará alimento.

Essa viúva estava catando lenha para acender o fogão e assar o último pão para ela e o filho, pois havia uma grande fome na terra. Nesse momento, o profeta veio e disse:

— Asse um pão para mim.

— Não tenho nada, só tenho o suficiente para meu menino e eu comermos, depois morreremos.

Ao ouvir isso, o profeta não disse: *Pobre mulher, vou orar por você e ver se posso conseguir alguma comida para você e seu filho.* Na verdade, o que ele disse?

— Asse um pão para mim primeiro!

Como ele pôde dizer algo assim? Como ele pôde ser tão frio? Porque o profeta sabia que a obediência liberaria um milagre. Ele disse à viúva para assar o pão para ele e ver o que aconteceria — "não faltarão farinha nem azeite na sua panela" — e assim aconteceu, exatamente como o profeta falou. A obediência liberou o milagre da provisão.

Deus fez isso comigo muitas vezes. Muitas vezes Ele nos disse para darmos tudo o que tínhamos. Certa vez juntamos um dinheiro por um bom tempo, estávamos poupando para mobiliar a casa e Deus nos disse para dar cada centavo em oferta para alcançar os perdidos. Cheguei bem perto da minha esposa e disse:

— Amor, Deus me disse para dar cada centavo das nossas economias. O que faremos?

— Vamos dar! — Ela disse. — Se Deus disse para dar, por que você está me perguntando?

Sei que você pode pensar que ela é uma mulher incrível, e ela realmente é. Ela deu tudo e não esperou nada em troca de Deus. Dois anos mais tarde, o governo nos deu mais dinheiro do que havíamos dado naquela oferta. Escrevi à instituição que me forneceu o dinheiro e disse: "Essa quantia está errada, vocês cometeram um erro." Eles realmente haviam errado, eu queria ser honesto e mandar o dinheiro de volta, mas eles se recusaram — em geral, o governo é quem nos toma o dinheiro, mas dessa vez eles estavam se recusando a receber de volta o que lhes era devido. Eu realmente tentei, mas eles não quiseram receber. Lembre-se de que a obediência libera o milagre.

Em Lucas 5:1-9 lemos outra história na qual a obediência liberou o milagre. Jesus disse a Pedro, que havia pescado a noite toda sem sucesso, que ele deveria jogar as redes novamente. Pedro era um pescador treinado, Jesus não era pescador, ele era carpinteiro, e, ao que me consta, carpinteiros não ensinam pescadores a pescar.

Então, Jesus foi até Pedro e disse:

— Preciso que você lance as suas redes do lado direito do barco.

— Pesquei a noite toda e não peguei nada — Pedro respondeu. Um pescador sabe que se ele tentou pescar a noite toda e não pegou nada, não há razão para voltar na manhã seguinte, mas Pedro disse algo mais.

— Entretanto, sob a tua palavra lançarei as redes.

À medida que ele obedeceu e voltou com o barco para a água, as redes se encheram de tal modo que eles precisaram de ajuda e o barco quase afundou. De onde vieram os peixes? A noite toda ele havia tentado pegá-los, mas não havia nenhum! A obediência dele gerou o milagre, se ele não tivesse agido em total obediência, contra toda lógica e senso comum, nada teria acontecido, e ele nunca teria testemunhado esse milagre.

Em Lucas 17:11-14 conta-se a história de dez leprosos que viram Jesus de longe. Antes de prosseguir, é importante entender que na cultura da época não era permitido aos leprosos permanecer entre as pessoas normais, pois a lepra era contagiosa. Eles tinham de ficar separados de todos, isolados. Mas esses leprosos viram Jesus de longe e gritaram:

— Jesus, mestre, compadece-te de nós!

— Ide e mostrai-vos aos sacerdotes — replicou-lhes Jesus.

Jesus não foi até onde eles estavam e os curou, Ele apenas liberou uma ordem. De acordo com a Lei do Antigo Testamento, você deveria se apresentar diante do sacerdote se sua lepra fosse curada, mas eles não estavam curados, eles ainda estavam doentes quando Jesus disse que eles deveriam ir. O que aconteceu? *Enquanto andavam em obediência,* eles foram curados.

Você pode perguntar: "Mas, Senhor, por que tantas coisas parecem loucura?" Deus faz isso porque deseja estabelecer um princípio na Bíblia de que a obediência libera os milagres. Repetidamente, em todo o texto bíblico, você verá esse princípio em operação.

Por exemplo, Mateus 14 diz que Pedro viu Jesus andando sobre as águas, e disse:

— Se és tu, Senhor, manda-me ir ter contigo por sobre as águas.

— Vem! — disse Jesus.

Jesus não mudou a superfície da água antes de Pedro pisar nela, nem a água se estabilizou para suportar o peso de Pedro antes que ele tivesse saído do barco. O milagre de andar sobre as águas só aconteceu quando ele obedeceu.

Em 2 Reis 5 há uma história de um comandante do exército do rei da Síria chamado Naamã, que era leproso. Certa menina judia, que era sua serva, disse: "Sei que o Deus de Israel pode curar lepra", então o rei da Síria escreveu uma carta para o rei de

Israel. Ao receber a carta, o rei disse: "Acaso, sou Deus com poder de tirar a vida ou dá-la, para que este envie a mim um homem para eu curá-lo de lepra?" (2 Reis 5:7). Quando o profeta Eliseu ouviu a queixa do rei, disse: "Deixa-o vir a mim, e saberá que há profeta em Israel" (v. 8).

Naamã veio a ele e o profeta mandou um mensageiro dizendo: "Vai, lava-te sete vezes no Jordão, e a tua carne será restaurada, e ficarás limpo" (v. 10). O oficial se enfureceu e disse: "Não são, porventura, Abana e Farfar, rios de Damasco, melhores do que todas as águas de Israel?" (v. 12). Ele esperava que o profeta orasse com ele e ele ficasse curado, mas por que o profeta disse a ele para mergulhar sete vezes? A água não sara a lepra, todos nós sabemos disso, *mas a obediência sim.*

O leproso não queria fazer o que o profeta havia mandado, ele estava com raiva, mas seu servo disse: "Meu pai, se te houvesse dito o profeta alguma coisa difícil, acaso, não a farias?" (v. 13). Então o comandante foi e obedeceu à palavra do profeta e, à medida que ele obedecia, o milagre aconteceu e ele foi totalmente curado. Mais uma vez, vemos que a obediência liberou o milagre de Deus.

A Bíblia está cheia de histórias como essas. O primeiro milagre que Jesus fez foi transformar a água em vinho. Como Ele fez isso? Ele não tocou na água e a transformou em vinho, embora tivesse poder para fazer isso. Ele precisava da obediência para gerar o milagre.

Então, Jesus disse aos servos para encher talhas de água, nada de muito extraordinário, até porque talhas serviam para conter água. Eles deveriam apenas enchê-las, mas então veio o teste da obediência: Jesus disse para eles levarem a água ao mestre de cerimônia para que ele a provasse. Essa parecia uma péssima ideia, primeiro porque o vinho acabara. Além disso, nos casamentos judeus não se bebia água, apenas vinho. Sou europeu e bebemos vinho, é parte da nossa cultura, é o que fazemos. Bebemos vinho com uma deliciosa refeição, então compreendo a gravidade daquela situação. Talvez os brasileiros não consigam perceber a dificuldade do pedido de Jesus, mas eu, sim. Eles precisavam obedecer, mesmo diante daquela situação complicada.

Casamento sem vinho não é um bom casamento, Jesus, entretanto, não transformou a água em vinho e disse aos servos para levarem-na ao mestre de cerimônias. Ele pediu que eles levassem água para ele e o fizessem provar.

Alguém nessa história havia entendido o princípio: Maria, mãe de Jesus. Foi ela que foi até Ele e disse: "Eles não têm mais vinho." E Jesus respondeu: "Mulher, que tenho eu contigo? Ainda não é chegada a minha hora." O que Maria fez? Virou-se para os servos e disse: "Fazei tudo o que Ele vos disser, porque conheço o meu garoto" (ver João, capítulo 2).

A obediência liberou o milagre de Deus, então, Jesus disse: "Levem a água para o mestre de cerimônia." Quando a água se transformou em vinho? Não até o momento em que eles obedeceram.

Em Isaías 54 Deus disse à *mulher estéril para cantar de alegria*. No versículo 2, Deus diz: "Alarga o espaço da tua tenda." Por que uma mulher estéril precisaria de uma tenda maior? Ela não tinha filhos, eram apenas ela e o marido na tenda, mas Deus diz: "Se você quer um milagre, precisa obedecer e estender a tenda da tua habitação, alongar as tuas cordas e firmar bem as tuas estacas."

Mas por que, se ela não tem filhos? Deus responde nos versículos de 3 a 5: "Porque transbordarás para a direita e para a esquerda; a tua posteridade possuirá as nações e fará que se povoem as cidades assoladas", ou seja, vou lhe dar muitos filhos. Ela poderia ter dito: "Tudo bem Deus, primeiro me dê os filhos e eu alargarei a minha tenda." Desculpe, mas a obediência liberará o milagre. Creio que Deus responderia a essa mulher: "Se você esperar para alargar a sua tenda apenas quando os bebês vierem, eles não virão."

Eu poderia mostrar muitas outras histórias da Bíblia nas quais o princípio da obediência para o milagre é claramente estabelecido, mas creio que essas são suficientes para nos fazer entender que precisamos aliar a obediência à fé para ver os milagres de Deus.

A fé pisa para fora do barco, ela faz o impossível porque Deus está ao nosso lado. Se Deus prometeu usá-lo no ministério com crianças, vá e comece a fazer algo, coloque a fé em ação, não tema. Se Deus prometeu que vai usá-lo de qualquer outra maneira, comece a colocar a sua fé em ação e a andar em obediência a Deus.

12

A FÉ E O MEDO

Fé e medo não caminham juntos. Não sei você, mas por muitos anos tentei encontrar uma maneira de vencer o medo tentando de tudo, sem sucesso. Muitos cristãos bem-intencionados me disseram: "Como cristão você não deveria ter medo. A Bíblia diz que Deus não nos deu um espírito de medo. Você precisa confessar isso várias e várias vezes até que não sinta mais medo." Então, repeti por vezes seguidas: "Deus não me deu espírito de medo, Deus não me deu espírito de medo", mas ainda continuava com medo e não conseguia vencê-lo.

Percebi, então, que se Deus me disse que não me deu espírito de medo, mas tenho esse sentimento em mim, ele deve vir de algum outro lugar, porque ainda continuava lá. Então, jejuei e orei muito porque queria vencer meu problema relativo ao medo. Havia muitos medos terríveis em minha vida por ter sido abusado sexualmente quando criança e isso gerou diferentes temores em mim. Tinha medo do escuro, de lugares estranhos, temia andar na rua à noite, não gostava de ficar sozinho no quarto e tinha medo de ser abandonado.

Descobri que a Bíblia por várias vezes diz coisas como: "Não temas, não se atemorize", por isso tentei achar uma solução para o meu problema. Se as coisas que prego não funcionam no dia a dia das pessoas, não fico feliz. Para mim é muito importante que eu viva o que prego; tento ter uma vida muito transparente, aberta e honesta. Entretanto, não conseguia nenhuma maneira de me livrar do medo, mas sabia que medo e fé não coexistem no mesmo coração, então continuei a orar e jejuar, buscando a Deus por uma solução. Desejava ser um homem de fé com um coração livre do medo.

Um dia, Deus me deu a chave para vencer o medo, e desde então, o medo não mais me controla, não paralisa nem dificulta a minha caminhada com Deus. Essa chave é muito simples, mas poderosa. Se você se apropriar dela, creio que mudará a sua vida para sempre.

A maioria das afirmações "não temas" ou "não se atemorize" que aparecem na Bíblia estão no Antigo Testamento. Estudei isso várias vezes até que, um dia, de repente, vi algo que mudou a minha vida. Quando estudamos essas expressões no Antigo Testamento, em hebraico, vemos que elas não falam sobre emoções ou sentimentos. O medo é algo muito forte e poderoso, que controla as emoções e nos impede de fazer as coisas que queremos fazer, mas quando a Bíblia diz "não temas", no original em hebraico a frase está na voz ativa, descrevendo uma *ação* e não um *sentimento*. Em outras palavras, o que a Bíblia diz é "não aja movido pela emoção do medo". O erro que cometemos é lutar contra a emoção do medo, contra o sentimento, o que é uma batalha perdida. As pessoas tentam repreender seus medos, lutam contra isso, tentam não pensar, fazendo diferentes coisas para se livrar deles, mas Deus não quer que lutemos contra esse sentimento, Ele quer que aprendamos a não agir de acordo com base nessa emoção. Deus quer que vençamos essa emoção por meio da sua graça. É pela graça que somos livres do poder do medo.

Deus está dizendo que quando você sentir medo, apenas obedeça e não aja de acordo com essa emoção. Ele não nos diz para não sentirmos ou para lutarmos contra esse sentimento até sermos livres, pois o poder do medo somente será quebrado em nossas vidas quando aprendermos a não agir movidos por ele, mas venhamos a andar em obediência a despeito do que estejamos sentindo.

Deixe-me ilustrar isso com uma história da minha vida. Não estou dizendo que você deve agir como eu agi com relação ao meu medo de cachorros, mas o princípio é o mesmo, não importa qual seja o medo que você está enfrentando.

Há 25 anos, quando plantava minha primeira igreja, tínhamos uma célula que se reunia aos domingos. Certo domingo pela manhã estava pregando sobre Romanos 8:37, um versículo bem conhecido pelos cristãos: "Em todas essas coisas, porém, somos mais que vencedores, por meio daquele que nos amou." Pelo poder de Deus, através de Jesus Cristo, podemos sempre andar em vitória em cada uma das situações. Nessa época estava casado apenas há um ano, e depois que saímos da igreja, na volta para casa, minha esposa de repente disse:

— Você é um hipócrita.

Pensei: *como você ousa falar com um homem de Deus dessa maneira? Acabei de pregar um sermão poderoso e você me chama de hipócrita?* Não disse nada disso a ela, mas pensei. Então perguntei:

— Por que você está me chamando de hipócrita?

— Você acabou de dizer às pessoas que em Jesus Cristo somos mais que vencedores, mas você nunca venceu seu medo de cachorros, portanto, você é um hipócrita respondeu ela.

Eu tinha tanto medo de cachorros que se uma pessoa andasse na minha direção com um cachorro pequeno, eu atravessava a rua de tão apavorado que ficava. Tinha um medo horrível e paralisante de cachorros, de qualquer tamanho, mesmo que ele fosse "bonzinho". Então disse à minha esposa que ela estava certa, pois tenho de viver o que prego e iria vencer aquele medo.

Então, clamei a Deus para que Ele me ajudasse a vencer o medo de cachorros e vivesse como um vencedor, da mesma maneira que preguei. Em seguida, disse à minha esposa:

— Meu bem, vencerei meu medo de cachorros, prometo que caminharei na direção do próximo cachorro que cruzar o meu caminho e farei carinho nele.

— Sim, claro, sei... — ela afirmou.

— Farei isso porque a Bíblia não diz que não devo sentir medo, mas que não devo me mover por esse sentimento, esse é o significado real da expressão "não temas" — apenas senti em meu coração que deveria fazer essa promessa a ela, e Deus estaria comigo.

Imagine qual foi o primeiro cachorro que apareceu na minha frente? Um pastor alemão gigantesco, enorme. Quando o vi, olhei para a minha esposa, olhei novamente para o cachorro, e me lembrei da promessa. Senti a emoção do medo que sempre sentira, e dentro do meu coração disse: "Jesus, aí vou eu. Meu coração vai parar, vou direto para o céu, outra pessoa terá de plantar igrejas na Áustria, mas vou cumprir a promessa e vencer o medo. Não permitirei que essa emoção horrível controle a minha vida."

Caminhei até o cachorro com os joelhos tremendo e o coração acelerado, como alguém se sente quando vai saltar de *bungee jumping*, e disse: "Cachorrinho bonzinho, cachorrinho bonzinho", e o acariciei. O cão abanava o rabo e, no momento que toquei na cabeça dele, meu medo sumiu. Até a emoção provocada pelo medo havia ido embora.

Hoje tenho um cachorro grande em minha casa e amo cachorros. Aprendi a fazer isso com todos os meus medos: eu os enfrento, não tento lutar contra o sentimento do medo, mas obedeço a Deus e à sua Palavra. E na maior parte das vezes faço isso ainda com medo.

Lutei contra a emoção do medo por anos, mas essa é uma batalha perdida. Precisamos simplesmente aprender a fazer as coisas que Deus quer que façamos, mesmo sentindo medo. A fé e o medo não coexistem no mesmo coração! Precisamos nos posicionar em fé.

Se quiser ser usado por Deus para trazer a grande colheita mundial que Ele prometeu, você terá de enfrentar muitos temores. O inimigo das nossas almas, Satanás, travará uma luta e tentará nos intimidar com o medo. Garanto a você que a colheita está vindo, pois pude vê-la em meu espírito muito claramente. Ninguém me convencerá de que Jesus voltará antes dessa colheita incrível, não creio nisso. A grande colheita virá e não será por meio de alguns grandes homens de Deus em especial, ao contrário, será por meio de pessoas simples e comuns, jovens e velhos, pessoas de todos os níveis sociais que se comprometeram a entregar suas vidas ao Senhor, e a buscá-lo e o seu Reino radicalmente.

Haverá um grande exército completamente comprometido que fará a grande colheita, mas as pessoas que fizerem parte dele deverão andar pela fé no que diz respeito aos medos que não podem enfrentar. Elas vencerão pelo sangue do cordeiro e a palavra do seu testemunho, e não temerão a morte. Pessoas que hoje não são nada serão pastores de igrejas com milhares de pessoas, vi isso com clareza em meu espírito. Quando Deus nos chama para fazer grandes coisas para o Reino o medo tenta controlar o nosso coração, mas não lute contra a emoção, pise fora do barco e faça isso mesmo com medo, pois à medida que você se recusar a agir pelo medo, o seu poder será destruído em sua vida.

Medo e fé não se misturam, são completamente opostos o medo é a fé negativa. O diabo quer controlar nossos corações com o medo e se abrirmos espaço para ele, seremos impedidos de cumprir o propósito de Deus. A estratégia do inimigo é minar a fé com o medo, pois a Bíblia diz que a vitória que vence o mundo é a nossa fé. Portanto, não permita que o medo o aleije.

No capítulo 54 do livro de Isaías Deus diz à mulher estéril para se alegrar e cantar canções de vitória, construir um lugar maior para a sua habitação e se posicionar em obediência, e não em medo.

Você pode pensar: *Mas eu tenho tanto medo...* Ouça, não estou lhe pedindo que não sinta a *emoção* do medo, entretanto, no hebraico vimos que "não temer" significa *agir* mesmo sentindo medo. Quando Deus disse à mulher estéril de Isaías 54 "não temas",

Ele nunca disse a ela para não sentir a emoção do medo, mas que não agisse de acordo com esse sentimento. Essa ideia fica bastante clara quando lemos a passagem no original, em hebraico.

Quando essa compreensão se apodera do meu coração, começo a agir contra os meus medos em fé, e as circunstâncias mudam. As pessoas me dizem: "Você profetiza com tamanha ousadia e coragem, parece tão certo e seguro", mas a verdade é que já tive medo milhares de vezes. Pergunte à minha esposa como me sinto, pois ela me conhece e sabe quantas vezes me sinto muito assustado. Quase todas as vezes que abro a minha boca para profetizar, sinto medo.

Luto as mesmas batalhas que você, mas profetizo com medo, contra os meus sentimentos, pela fé. Tenho visto vidas sendo salvas e transformadas por meio das minhas profecias e testemunhei milagres, mas se você me perguntar: "Você estava com medo?" Sim, em todos esses momentos estava com medo.

Estava com medo quando entreguei uma profecia para a Pra. Marcia Ribeiro em 1999? Sim. Quando profetizei para o Pr. Aluízio Silva? Sim, porque para mim ele é um grande homem de Deus, e eu sou pequenino, por isso temi muito. Contudo, a Bíblia diz "Não temas", e isso significa: *não aja com base no medo, não deixe o medo controlar suas ações e decisões*. Portanto, quando estou no púlpito e Deus me dá uma profecia, tenho a escolha de agir ou não com base no medo, então abro a minha boca e me posiciono em fé, esperando que minha obediência libere o milagre.

Você pode viver sua vida assim também. Oro para que cada um que ler este livro se torne um herói da fé. Que as pessoas possam falar de você e dizer: "Uau, você ouviu falar desse herói da fé?" Não porque você seja superespecial, mas para que Deus seja glorificado por meio da sua vida e que o Reino seja expandido por toda a terra.

Se aplicar esses princípios em sua vida, então você verá que podemos nos tornar heróis da fé.

O livro de Hebreus diz que Deus é o autor e consumador da nossa fé. O que isso significa? A fé começa em Deus, não em nós. Ele a coloca dentro dos nossos corações, portanto precisamos aprender a acreditar e criar em parceria com Deus, a obedecer para que possamos liberar o milagre, a agir mesmo sentindo medo, vivendo os princípios ensinados na Palavra para que possamos ser heróis da fé. Como você vence o medo? Apenas aja, mesmo com medo, e o poder que o medo exerce será quebrado em sua vida.

Logicamente, há alguns medos saudáveis em nossa vida. Quero deixar claro que não estou falando deles. O que chamo de "medo saudáveis" são os temores que nos protegem, que o próprio Deus colocou em nossa natureza para nos ajudar e nos manter a salvo. É um bom sinal quando escalamos um prédio de muitos andares e sentimos medo de ficar parados no topo, na beira do edifício. Esse é um medo que nos impede de fazer coisas que possam destruir a nossa vida. Não é desse medo que falamos neste capítulo, e sim daquele que nos paralisa e nos impede de cumprir os propósitos de Deus para nós, para que não possamos nos mover em fé.

13

O PERIGO DE UM CORAÇÃO PERVERSO

No capítulo 3 do livro de Hebreus há uma passagem muito poderosa. Como vimos no início, Jesus repreendeu seus discípulos repetidamente pela falta de fé; esse era o maior motivo pelo qual Jesus os repreendia. Para Jesus, esse problema era maior do que qualquer problema de caráter. Por quê? Porque Deus pode mudar o nosso caráter ao trabalhar em nossos corações, mas se tivermos um coração descrente, o que Deus poderá fazer? Hebreus 3:12 diz: "Tende cuidado, irmãos, jamais aconteça haver em qualquer um de vós perverso coração de incredulidade que vos afaste do Deus vivo." Como você reagiria se alguém lhe dissesse que você tem um coração mau e perverso? O que é um coração perverso? É um coração que não crê.

Por causa de sua importância, a Bíblia fala muito sobre o coração: "Sobre tudo o que se deve guardar, guarda o coração, porque dele procedem as fontes da vida" (Provérbios 4:26). Nossos corações significam muito para Deus.

Em Hebreus, vimos que um coração incrédulo é *perverso*. Esse versículo é uma das maiores razões pela qual luto contra um coração incrédulo, não quero que Deus olhe para mim e diga: "Você é um filho muito bom, mas seu coração é muito perverso." Se você tem um coração incrédulo, Deus o chama de mau e perverso, por isso precisamos guardá-lo. Se encontrarmos incredulidade em nossos corações, rapidamente temos de nos arrepender.

Creio que os cristãos precisam aprender a se arrepender novamente. Algumas pessoas têm a ideia de que você precisa apenas se arrepender quando é salvo, mas isso não é verdade. No livro de Apocalipse, Deus chama seu povo muitas vezes ao arrependimento. Ele diz isso às igrejas e aos cristãos. Por que os cristãos precisam se arrepender? É muito simples: todas as vezes que você vê algo em sua vida que não está de acordo com a Palavra de Deus e o Espírito Santo o convence, é necessário arrependimento.

Deixe-me explicar o que é *arrependimento*. Não tenho a mínima ideia do que significa para você, mas na Áustria a maior parte das pessoas tem uma ideia errada sobre arrependimento, porque se trata de um país católico e eles creem que o arrependimento é algo que você precisa fazer, como uma punição ou penitência. Mas isso não é arrependimento.

A palavra grega para *arrependimento* significa "mudar a forma de pensar e como resultado dar meia volta, mudar de direção". O apóstolo Pedro disse: "Arrependei-vos dos vossos pecados", isso significa que se eu costumava andar do meu próprio jeito, no pecado, e agora que me arrependi, mudei minha mente sobre o que é pecado e como Deus o vê. Dei meia volta e parti em direção a Deus para fazer a vontade dele e as coisas a seu modo.

Como nos arrependemos ao descobrir que há um coração perverso e incrédulo em nós? É muito simples. Se o Espírito Santo o convence de que há incredulidade no seu coração, você precisa parar e dizer: "Deus, perdoe-me por permitir que tanta incredulidade entrasse em meu coração. Não percebi que havia tanto disso em mim, arrependo-me, admito que isso é uma coisa ruim, dou meia volta e mudo de direção e começo a viver pela fé agora." A partir daí você começa a agir em fé e se desvia da falta de fé.

Nosso pensamento errôneo

Quando falamos sobre fé, uma das grandes batalhas é entre a nossas mentes e corações, porque nossa mente natural não pode compreender o mundo sobrenatural. Ficamos empolgados quando ouvimos sobre milagres, mas quando falamos sobre viver uma vida de fé, nossa mente continua a nos convencer de que certas coisas são tolas e não precisam ser feitas, porque não fazem sentido no mundo natural.

Já disse anteriormente como a Bíblia é cheia de histórias, na qual a obediência libera os milagres. Todos os exemplos que lhes disse não fazem sentido para a mente não renovada, para a mentalidade natural. Por que andaríamos ao redor de uma muralha como fizeram em Jericó e acreditaríamos que ela viria abaixo? Não faz sentido algum, há muito mais exemplos como esse por toda a Bíblia, a nossa mente natural e carnal não compreende os caminhos de Deus.

Temos um segundo problema: a maior parte do mundo em que vivemos e no qual fomos criados é totalmente influenciada pelo pensamento filosófico grego. Há muitos aspectos relacionados ao pensamento grego, mas uma das coisas mais importantes para entendermos é que esse tipo de pensamento não separa o natural do espiritual.

A estrutura de pensamento grega vai contra a Bíblia e se opõe à vida de fé. Infelizmente, a maioria de nós foi criado com base nesse modelo, mas a Bíblia foi escrita baseada no modelo de pensamento judaico, próprio da cultura hebraica, ela não é um livro ocidental. Jesus não era grego, ele era judeu, nascido em Israel, inserido na cultura judaica, cujo pensamento era totalmente oposto ao modelo filosófico de pensamento grego.

O modelo de pensamento grego faz essa separação entre mundo natural e espiritual, e essa é uma das razões porque temos tantas contendas, porque nossa mente tenta entender como a fé opera de uma maneira natural. Em Romanos 10:10 o apóstolo Paulo diz: "Porque com o coração se crê para a justiça e com a boca se confessa a respeito da salvação", ou seja, ele está dizendo o seguinte: se você crer no seu coração que Jesus Cristo é Senhor e confessar com a sua boca, você será salvo. Você não crê com a sua mente e sim com o seu coração. O apóstolo Paulo diz que a mensagem da cruz é tolice para os perdidos.

Pense nisto: o mundo todo pecou, mas Deus é santo e justo, portanto ninguém pode estar com Ele. Então, Deus decide enviar seu único Filho a terra, permitindo que Ele vivesse 33 anos e morresse em uma cruz para que não morrêssemos mais.

Agora, se tentar entender isso com a sua mente, certamente não fará sentido. É por isso que cremos com o coração, e é fundamental entendermos esse princípio quando se trata de caminhada de fé.

Deixe-me compartilhar uma revelação que tive e que mudou a minha vida: o que vejo *com os olhos* do meu coração é mais real do que o que vejo *com os meus olhos* naturais, e é por isso que o apóstolo Paulo continuamente orava: "Abra os olhos do coração da igreja." Por que ele orava isso? Por que sabia que se pudéssemos ver *com os olhos* do nosso coração, *com os olhos* do nosso homem interior, poderíamos andar no sobrenatural o tempo todo, mas a maioria dos cristãos crê mais no que os seus olhos naturais mostram. Entretanto, a caminhada de fé é diferente, o que vemos *com os olhos* do nosso coração é completo e verdadeiro, precisamos crer na realidade do mundo espiritual.

Todos os heróis da fé na Bíblia e na história da igreja acreditavam firmemente que o que eles viam *com os olhos* do coração era totalmente real. Smith Wigglesworth disse: "Não me movo pelo que vejo, não me movo pelo que sinto, sou movido apenas pela fé." Precisamos continuar orando para que Deus abra os olhos do nosso coração. Quando começamos a enxergar com os olhos do coração, nossas mentes começam a entrar em uma batalha por causa das circunstâncias, dos problemas e das dificuldades ao redor. Nesse momento, precisamos abrir nossas bocas e dizer: "Estou olhando com os olhos do meu coração e cada promessa de Deus é a verdade, o meu Deus nunca mente e o que Ele me disse é verdadeiro."

Romanos 12:2 diz: "E não vos conformeis com este século, mas transformai-vos..." A palavra grega para "transformado" é muito forte, é de onde surge a palavra *metamorfose*, que significa transformação completa, como um casulo que se transforma em uma borboleta. Agora, diga-me, isso é uma mudança pequena ou grande? Minha esposa não gosta de uma larva, mas de uma borboleta. Como algo tão feio pode se transformar em algo tão lindo? Uma metamorfose aconteceu, essa é a palavra no grego usada aqui.

O apóstolo Paulo diz "não seja como o mundo". O mundo pensa com a mente natural e não compreende o sobrenatural, então Paulo nos adverte para que não sejamos assim, mas ele também disse algo mais: "Em vez disso você deve experimentar uma metamorfose." Deus, eu quero essa metamorfose! Olho para as minhas fraquezas, para as minhas lutas e penso: *Quero essa metamorfose*. A Bíblia nos promete essa metamorfose. Ela diz: "E todos nós, com o rosto desvendado, contemplando, como por espelho, a glória do Senhor, somos transformados, de glória em glória, na sua própria imagem, como pelo Senhor, o Espírito" (2 Coríntios 3:18).

A Bíblia pega pessoas que se preocupam ao extremo, como costumavam fazer antes de conhecerem ao Senhor, e as muda, tornando-as livres da preocupação. Eu me preocupava com tudo, o tempo todo, o dia todo, mas Deus faz com que pessoas extremamente preocupadas sejam transformadas em pessoas livres da preocupação. Deus pega um homem que tem medo de cachorrinhos, opera uma metamorfose e faz com que ele vire dono de um cachorrão. Deus é um agente de metamorfose, Ele trabalha no ramo da transformação, Ele não quer apenas pegar a sua vida e consertá-la, Ele não trabalha com reparos e consertos, e sim com transformação completa e total.

A primeira coisa que Paulo está dizendo em Romanos 12 que precisa acontecer para que possamos experimentar essa mudança é parar de pensar como o mundo pensa. Você sabia que o pensamento do mundo é oposto ao pensamento bíblico?

Tive de fazer uma escolha há um tempo, algo muito radical. Você pode pensar que todo cristão deveria fazer isso, mas vou lhes mostrar que nem todo cristão pratica isso. Esta é a escolha que fiz, disse ao Senhor: "Lerei a Bíblia todos os dias" e tenho feito sempre isso. Mas disse também: "Vou lê-la como ela é, sendo ela a verdade absoluta e obedecerei a tudo o que diz." O que Jesus nos ensinou a orar? "Pai nosso que estás no céu, venha o Teu reino, seja feita Tua vontade na terra como ela é feita no céu, o pão nosso de cada dia dai-nos hoje." Espere um pouco! Dai-nos o quê? O pão de cada dia. Quando? Hoje! Então, decidi que leria a Bíblia considerando cada palavra verdadeira e obedecendo a tudo o que ela dissesse, e descobri que a Bíblia diz: "Peça apenas pelo pão diário."

Você já se preocupou com a provisão de amanhã? Se sim, você não acredita na Bíblia, isso é um fato. Então, mudei minha vida radicalmente. Se tivesse uma conta que precisasse ser paga amanhã, dormiria muito bem à noite porque o dia de pagar a conta não é hoje e sim amanhã, só preciso do meu pão diário. Não preciso de dinheiro para a conta de amanhã, isso é o que Jesus disse, "o pão de cada dia dai-nos hoje". Mas o mundo não pensa dessa forma, pensa assim: "Meu Deus, em três dias preciso de dinheiro. Preciso orar e jejuar." Se pensarmos como o mundo, iremos nos conformar com o pensamento dele e é por isso que não vemos mais do poder de Deus em ação.

Há alguns meses minha esposa e eu tínhamos uma conta para pagar, penso que era uns quatrocentos dólares, mas tínhamos apenas cem na conta. Vivemos sob o princípio de que nunca entraríamos em nenhum tipo de dívida. *Não posso pagar por isso, não vou comprar* — é dessa forma que gostamos de viver nossas vidas. Faltavam três dias e disse à minha esposa: "Amor, em poucos dias temos de pagar quatrocentos dólares, e só temos cem dólares na conta."

Agora, faça uma conta de álgebra comigo: $100 + X = 400$. O que é X? Trezentos, certo? Esse é o pensamento do mundo, entretanto, eu disse à minha esposa: "Meu bem, temos os cem, precisamos de quatrocentos, então, vou dar os cem, porque a Bíblia diz: 'Dai, e dar-se-vos-á; boa medida, recalcada, sacudida, transbordante, generosamente vos darão'."

Jesus disse que é mais abençoado dar do que receber, a Bíblia diz que se você plantar a sua semente, colherá uma colheita, então, disse a ela: "Para quem você acha que devemos dar esse dinheiro? Vamos achar alguém no Reino de Deus que esteja necessitado."

Ela concordou e demos os cem dólares. Não falamos a ninguém sobre isso, apenas Deus sabia. Dois dias depois recebi uma mensagem de uma mulher na Áustria que costumava fazer parte da igreja que implantei, não a via ou tinha contato com ela há muito tempo. Ela me ligou e disse: "Deus falou comigo e preciso enviar um dinheiro para você." Ela me mandou mil dólares. Então, eu disse à minha esposa: "Só precisamos de quatrocentos e temos mil, podemos dar seiscentos para o Reino."

Isso é loucura, porque o mundo diz: "Que burrice, não faça isso", mas se quisermos uma metamorfose nas nossas vidas, temos de parar de nos conformar com a forma de pensar do mundo. Hoje, enquanto escrevo este livro, não tenho renda, nem salário fixo, ainda assim tenho tudo o que preciso. Deus zelará por nós muito bem, se apenas confiarmos nele e pararmos de nos conformar ao modelo de pensamento do mundo.

A próxima coisa que o apóstolo Paulo diz é "... mas, transformais-vos". Paulo não disse: "... vocês devem transformar a si mesmos". Muitos cristãos tentam se autotransformar, isso é um trabalho muito árduo, tentei fazer isso por um bom tempo até que desisti e disse:

— Senhor, não posso fazer isso, é muito trabalho para fazer, não posso mudar a mim mesmo.

— Nunca quis que você tentasse mudar a si mesmo, estava esperando você desistir, pois esse trabalho é meu, Eu quero mudar você.

— Tudo bem, mas como o Senhor vai me mudar?

— Por meio da renovação da sua mente.

Precisamos entender que quando a Bíblia diz para sermos transformados e experimentarmos uma metamorfose, significa que somos aqueles que são mudados, e não aqueles que mudam, pois esse é o trabalho de Deus nas nossas vidas. Contudo, isso virá apenas por meio da renovação da nossa mente. Até mesmo nosso modo de pensar será mudado, mas até que nossa estrutura de pensamento seja transformada, não mudaremos. Provérbios diz: "Assim como o homem imagina em sua alma, assim ele é" (Provérbios 23:7, parafraseado pelo autor). Portanto, nossas ações são resultados dos nossos pensamentos, e é por isso que a Bíblia diz que temos de levar cativo todo pensamento que se levanta contra a obediência à Cristo.

Tenho um amigo maravilhoso que é pastor, grande homem de Deus. Ele disse à igreja: "Vamos lançar a regra dos dez segundos: todo pensamento que não estiver de acordo com Cristo, não será tolerado em nossas mentes por mais de dez segundos." Gostei disso porque se nossos pensamentos não mudarem, nossos corações também não mudarão e nossas ações também não.

Há pouco tempo aconteceu algo engraçado. Eu estava em uma determinada igreja há algumas semanas e havia muita crítica e julgamento, não gosto desse tipo de comportamento porque Jesus disse que não deveríamos julgar uns aos outros. Não posso julgar você, porque não sou perfeito. Então, disse à igreja: "Irmãos, precisamos parar de julgar uns aos outros. Como você se sentiria se todas as vezes que viesse à igreja Deus colocasse uma tela de televisão na testa de cada um e começasse a mostrar todos os pensamentos que passaram na sua mente nas últimas 24 horas? Você provavelmente diria: "Meu Deus! Ajuda-me Senhor! Não mostre para ninguém o que se passa na minha mente."

Se você quiser uma metamorfose, saiba que ela só virá à medida que sua mente for renovada. Não há atalhos, não há como "dar um jeitinho". Mas como posso ter minha mente renovada? Como nossos pensamentos podem ser transformados? É muito, muito simples: nosso pensamento é mudado cada vez que lemos a Bíblia, aplicando-a à nossa vida. A Palavra de Deus tem o poder de mudá-lo, o que você precisa fazer é obedecer à Bíblia e crer que ela é a verdade acima do que você pensa.

A Palavra de Deus muda o nosso pensamento, mas o problema é que geralmente lemos a Bíblia através da ótica da nossa cultura. Jesus disse: "Orai pelo pão de cada dia." Mas o mundo diz: "Compre tudo o que você quer, mas se você não tiver o dinheiro para pagar suas contas que vencerão daqui a três dias, é bom você começar a se preocupar, porque caso o contrário você terá problemas."

Então, à medida que obedecemos à Palavra de Deus, nossa forma de pensar muda e somos constantemente transformados. O mundo diz: "Seja homem! Você tem o direito de ser um homem forte, mostre à sua esposa quem é que manda, mostre que quem canta de galo aqui é você." Agora, o que a Bíblia diz? Marido, ame a sua esposa como Jesus amou a igreja, entregando-se sacrificialmente por ela. Comece a obedecer a Bíblia, diga: "Tudo bem Deus, sacrificarei meus desejos por minha esposa." Seu pensamento começa a mudar e é renovado pela Palavra de Deus e sua vida começa a ser transformada. Todas as vezes que você obedece à Palavra do Senhor, sua mente é renovada e sua vida transformada.

Todos nós podemos experimentar uma constante metamorfose. A Bíblia não foi feita para ser discutida e sim obedecida. Jesus disse: "Buscai, pois, em primeiro lugar, o seu reino e a sua justiça, e todas estas coisas vos serão acrescentadas" (Mateus 6:33). Em vez disso, o que fazemos? Suamos a camisa, certificando-nos de que temos tudo o que precisamos essa é a maneira de muitos cristãos viverem. À medida que mudamos nosso modo de pensar, por obedecer à Palavra, descobrimos que quando busca-mos o Reino de Deus em primeiro lugar, Ele se encarrega do restante. Deus irá lhe dar o serviço certo, irá levá-lo ao lugar certo, Deus se certificará sempre de que você tenha tudo o que precisa. O problema é que frequentemente pensamos como o mundo, em todas as áreas da vida. Precisamos aprender a submeter completamente o nosso pensamento, ou seja, levá-lo cativo à Palavra de Deus e, à medida que obedecemos à Palavra de Deus, nossas mentes se renovam e nossas vidas passam por uma metamorfose constante.

Um dos desejos mais profundos do meu coração é que cada vez que as pessoas encontrem comigo, possam ver mais de Jesus em mim. Não tenho como fazer com que eu mesmo me torne como Jesus, isso é impossível, mas Deus pode, isso é chamado de metamorfose — isso acontece quando a mente é renovada.

Portanto, quando Deus falar com você através da Bíblia, não discuta, apenas obedeça e a sua mente trará a mudança em suas atitudes, e você se tornará uma nova pessoa. Todas as vezes que alguém vir você, dirá: "É incrível como você mudou tanto! O que aconteceu?" Deus fez uma metamorfose e Ele continuará essa mudança até o dia em que você comparecer diante de Jesus.

É importante que entendamos que precisamos parar de agir como o mundo, pois ele diz que precisamos lutar para chegar ao topo, enquanto a Bíblia diz que o caminho para cima é descer. A Bíblia diz: "Humilhai-vos na presença do Senhor, e ele vos exaltará" (Tiago 4:10). Prefiro mil vezes ter Deus lutando por mim do que lutar por mim mesmo para chegar ao topo, se lutar para chegar ao cume, vou ter de lutar para permanecer nessa posição — então, me certifico de sempre me humilhar para que Ele possa me exaltar. Isso é o oposto do mundo. Nós fomos treinados e influenciados pelo mundo, então, Deus diz: "Quero renovar completamente seu pensamento, até que você pense como Eu." Quando você pensa como Deus, é transformado e fará as obras de Deus e as pessoas ao seu redor verão Deus em você.

Acreditar não é uma emoção, é uma escolha. Temos falado muito sobre a fé que Deus nos dá, mas a ação da fé — o ato de crer — isso é completamente uma escolha. Escolho se creio naquilo que Deus dizou não. Quando aprendermos a crer no que Deus diz mais do naquilo que dizem as circunstâncias, sentimentos, emoções ou coisas que vemos, herdaremos nossas promessas.

Você crê no seu coração e não na sua mente. A atitude de crer não é emocional, é uma escolha que fazemos. Muitos cristãos estão esperando que suas emoções mudem para passarem a crer. É você quem decide se vai acreditar que aquilo que Deus diz é a verdade ou não. Ninguém poderá fazer essa escolha por você.

14

O teste da Fé

Outro aspecto bíblico importante da fé é o teste pelo qual ela passa. Muitas pessoas me dizem que tenho uma fé incrível, mas sempre lhes digo que não quero ter uma fé grande, e não oro para tê--la. No meu entendimento, há diferentes níveis de fé: pequena, fraca, forte, morta, mas há ainda outro tipo de fé, que deve ser a fé que mais desejamos, a fé provada. É essa que quero, é a fé que atravessou o inferno e ainda saiu acreditando que Deus é bom e as suas promessas são verdadeiras.

A fé que é testada passou pelas tentações e provações, andou na fornalha ardente da aflição, foi purificada e ainda crê ao fim de todas as provações que a Palavra de Deus é a verdade. Essa é a fé que

devemos desejar e possuir. Em 1 Pedro 1:7 o apóstolo diz: "Para que, uma vez confirmado o valor da
vossa fé, muito mais preciosa do que o outro pere-
cível, mesmo apurado por fogo, redunde em louvor,
glória e honra na revelação de Jesus Cristo."

Pedro diz que a fé que é testada é muito mais
preciosa que o ouro. As pessoas investem dinheiro em ouro e quando querem algo precioso pedem
por ele, mas Pedro disse: "Há ago mais precioso que
ouro, não é Deus, não é sua vida cristã, é a fé que é
testada por meio do fogo, essa é a fé que queremos
e devemos possuir." A Bíblia fala muito sobre os testes da fé. Em Tiago 1:2 lemos: "Meus irmãos, tende
por motivo de toda alegria o passardes por várias
provações."

— Espere um pouco pastor, você acabou de
dizer que devo estar feliz e alegre mesmo passando por tribulações? Supostamente devo me alegrar
quando tudo vai bem, não é? Quando passar por
provações e dificuldades não devo me entristecer
nem reclamar?

Não sou eu que digo isso, e sim, a Bíblia. Se
você acredita nela, está na hora de mudar sua maneira de pensar. A Bíblia diz: "Tende por motivo
de alegria quando passardes por muitas tribulações"
(Tiago 1:2), mas por que temos de fazer isso? Como
posso me alegrar com os problemas? Tiago nos fala

por que devemos reagir assim no versículo três, de maneira clara: "Sabendo que a provação da vossa fé, uma vez confirmada, produz perseverança."

Outro significado da palavra paciência é perseverança. A maioria das pessoas quer ter perseverança, amariam ter essa atitude incrível como parte de suas vidas. Você não gostaria de ser alguém que persevera muito e não desiste com facilidade?

A perseverança é obtida por meio das tribulações, tempos árduos e dificuldades, aprendendo a dar as respostas certas nessas situações. É o teste da sua fé que traz perseverança, pois está na nossa natureza humana optar por atalhos, mas nesse caso não há nenhum disponível. Ore por perseverança, pois nos dá muitas vitórias na caminhada cristã, mas para recebê-la espere passar pelos testes e provações.

A Bíblia continua a dizer: "Ora, a perseverança deve ter ação completa, para que sejais perfeitos e íntegros, em nada deficientes" (Tiago 1:4). É tão fácil fazermos as coisas completamente ao contrário ao que a Palavra de Deus diz. Quantas vezes fiz coisas no passado e fiquei chocado ao não obter os resultados que queria.

Todos querem ter paz, não importa o que aconteça na nossa vida, não é? Não gostamos de estar estressados, é muito melhor estar em paz. As pessoas geralmente oram para que Deus lhes dê paz de espírito quando se encontram em situações difíceis. À medida que viajo o mundo e ministro em diferentes nacionalidades, muitas pessoas vêm até mim para orarmos e pedem para que eu ore a fim de que Deus lhes dê paz de espírito, porque estão estressadas com uma determinada situação. Há uma paz poderosa de Deus, na qual todos podemos viver. Você não precisa orar por paz de espírito, porque há uma promessa e uma garantia na Palavra de Deus de como obtê-la. Em Filipenses 4:6 vemos como obter essa paz de espírito forte e poderosa: "Não andeis ansiosos por coisa alguma; em tudo, porém, sejam conhecidas, diante de Deus, as vossas petições, pela oração e pela súplica, com orações de graças. E a paz de Deus, que excede todo o vosso entendimento, guardará o vosso coração e a vossa mente em Jesus Cristo."

Mas o que muitos cristãos fazem? Oram por paz e ela nunca vem, porque continuam se preocupando e não preenchem esses pontos bíblicos para que possam obter a paz que excede todo o entendimento. Portanto, não ore por paz, obedeça à Bíblia e lance sobre Deus todos os seus cuidados com um coração cheio de ações de graça, e a paz virá a você e guardará a sua mente e coração. Voltemos a Tiago 1:4: "Ora, a perseverança deve ter ação completa, para que sejais perfeitos e íntegros, em nada deficientes." Se fizesse a seguinte pergunta:

"Quem gostaria de ser perfeito, completo, sem falta de nada?" A maioria das pessoas diria que adoraria ser assim. A Bíblia nos diz como podemos chegar a esse maravilhoso lugar — por meio da provação da nossa fé e das respostas corretas diante dos tempos de provações. É nesse ponto que o teste da nossa fé realiza uma obra profunda em nós, para que sejamos perfeitos, completos e íntegros.

No versículo 5, lemos: "Se, porém, algum de vós necessita de sabedoria, peça-a a Deus, que a todos dá liberalmente e nada lhes impropera; e ser-lhe-á concedida." Muitos cristãos tiram esse verso de contexto e dizem: "Não sei o que fazer, então orarei por sabedoria." Obviamente Deus é bom e Ele ama guiar seus filhos e dar-lhes sabedoria, mas nesse contexto do primeiro capítulo de Tiago, não é isso que Ele está dizendo. Nessa passagem o apóstolo quer nos dizer que precisamos da sabedoria de Deus quando passamos pelo teste da fé, tribulações, dificuldades e dureza, para que possamos responder corretamente diante dele, assim o teste poderá tocar as áreas mais profundas em nossos corações.

Quando compreendi isso, comecei a orar todos os dias: "Deus, qualquer que seja a tribulação a vir no meu caminho, preciso da tua sabedoria para que possa me alegrar em minhas tribulações e para que a provação pela qual a minha fé passará possa operar de maneira perfeita em minha vida." Minha sabedoria terrena me diz para lutar contra esses testes e tribulações, fazendo tudo que posso para mudar minhas circunstâncias e não passar por momentos de dificuldades na minha vida. Deus diz que se você quiser se tornar uma pessoa perfeita e completa, sem falta de nada, você precisa se regozijar nas provações da fé.

Temos de ficar alegres ao ter a nossa fé testada, se não aprendermos a fazer isso, falharemos no teste da fé e ele não será completo e perfeito, fazendo com que você sempre responda de maneira errada diante das dificuldades e tribulações.

Todos os dias, eu oro: "Deus neste dia preciso da tua sabedoria, para que possa responder corretamente diante de cada dificuldade e tribulação que aparecer no meu caminho." Desperdicei muitas provações e não faço mais isso, pois aprendi que quando minha fé é testada ela faz de mim o homem que Deus quer que eu seja. Precisamos permitir que o teste da nossa fé faça as obras profundas de Deus em nossos corações. Se tivermos uma atitude de evitá-los, nunca se remos pessoas com uma fé testada e pura. Cada herói da fé na Bíblia e na história da igreja teve de passar pela dor, por testes duros e severos em sua fé. Quero ser um homem com poder, com uma fé que passou pela fornalha do fogo ardente da aflição, que encontrou fidelidade em Deus, pois não há nada como uma fé testada. Toda vez que você passa no teste da fé, Deus o promove a um novo nível de autoridade espiritual. Cada teste que você passa traz promoção, portanto, não evite esses testes, mas regozije-se neles, pois há um futuro incrível à sua frente.

Cheguei a um ponto de paz que excede todo o entendimento, passei por tanta dor, provação e dificuldades em minha vida, que agora tenho esse desejo no meu coração de ver os doentes curados. Tenho clamado a Deus em jejum e oração, vez após vez, para que Deus libere o poder dele quando oramos pelos enfermos.

Deus testou minha fé por diversas vezes. Estive enfermo por 12 anos e os médicos me diziam que não havia esperança para mim, que deveria me conformar e aprender a viver com a dor pelo resto da minha vida. Cada membro da minha família já esteve muito doente; meu caçula e minha esposa ficaram tão enfermos que os médicos disseram que não havia nada que eles poderiam fazer para ajudar. Deus testou minha fé por vez após vez, mas aprendi a me alegrar nos testes. Deus continuou me promovendo até que chegasse a um ponto na qual vi milhares de milagres, incluindo os surdos serem curados, paralíticos andarem e cegos verem, câncer sendo curado, diabetes, ossos fraturados restaurados instantaneamente, ossos protuberantes desaparecerem e muito mais.

Todos queremos experimentar essas coisas, mas ainda assim nossa natureza humana tenta encontrar atalhos. Se você quiser chegar a um ponto no qual nada lhe falta, tudo é perfeito e completo como Tiago descreveu, você precisa passar pelo fogo da provação da sua fé e aprender a responder corretamente.

A chave não é se você é testado ou não, mas se você responde corretamente ou não. Com Deus nunca falharemos no teste. Na minha vida acadêmica, por exemplo, falhei em alguns testes, mas no teste de Deus você nunca falha, você apenas continua refazendo-o vez após vez até que passe por ele, porque Deus não desistirá de você. Se você não for aprovado, chegará a hora na qual você andará ao redor da montanha várias vezes até que seja aprovado. Quando entendi isso, disse: "Senhor, sou esperto, quero garantir passar nos testes de primeira". Passe nos testes e prossiga, porque do contrário você desperdiçará suas provações e continuará a repetir os mesmos testes, em vez de passar e ser promovido.

Regozije-se nas suas tribulações, não tenha uma atitude de correr dos testes porque isso impedirá o trabalho de Deus. O que acontece no teste da fé?

Deus purifica as nossas motivações, Ele muda os nossos corações à medida que lida conosco; saímos do teste como pessoas diferentes que carregam a imagem de Cristo.

Há algo sobre provação e fé: se você passou pelo teste da fé e se alegrou da forma que a Bíblia nos instruiu, quando você sai da tribulação ainda acreditando nele e em suas promessas, algo acontece dentro de você, Deus o coloca em outro nível na sua vida espiritual e ministerial.

Quando o inimigo, pela permissão de Deus, colocar situações que se opõem a você, quando ele vier com os mesmos testes, será diferente, pois você terá essa incrível fé provada, afinal, você já trilhou esse caminho. Você pode olhar para esse teste e dizer: "Já passei por você e fui aprovado, você não vai me derrotar de jeito nenhum, porque já passei por isso em vitória."

Antes de Davi ser rei, cuidava das ovelhas de seu pai. Um dia um urso veio e ameaçou o rebanho, Davi o derrotou, passando no teste. Outro dia um leão veio para atacar suas ovelhas, e mais uma vez ele foi aprovado e derrotou o leão. Então, chegou um tempo no qual Golias, o gigante, posicionou-se contra Israel e desafiou o seu exército e o seu Deus. Todas as pessoas do exército israelita estavam com medo do gigante, entretanto, Davi se apresentou e decidiu lutar contra ele e libertar o povo de Israel. Quando lhe disseram que o gigante era muito forte, ele respondeu: "O Senhor entregou em minhas mãos o urso e o leão; Ele também me dará esse gigante." Ele olhou para o seu passado e se alegrou, pois sabia que o Deus que esteve com ele nas suas provas de fogo também estaria com ele durante aquele novo desafio. O que teria acontecido se Davi não tivesse sido aprovado nos testes e tivesse corrido do leão e do urso, lamentando-se por conta das dificuldades da vida? Ele nunca seria capaz de derrotar o gigante.

Precisamos aprender a nos regozijar em nossas tribulações. Não perca os testes que continuamente se colocam no seu caminho, Deus não vai facilitar para você, os testes farão parte da sua vida. Desejo com todo meu coração ser um homem cuja fé é agressiva; que Deus possa me enviar para os lugares mais obscuros do mundo sem um único centavo no meu bolso e que possa ir a esses lugares e plantar igrejas e mostrar ao diabo que meu Deus é maior do que ele. Como podemos chegar a esse tipo de fé ousada? Você precisa se alegrar nas provações da sua fé e ser aprovado, para que você seja perfeito, completo e íntegro.

Sou eternamente grato a Deus e pelo operar da graça dele na minha vida. Quando eu era criança, as pessoas diziam que não havia esperança para mim. Quando era menino ainda, meu pai era pastor e um homem da nossa igreja disse que não havia esperança para mim e que Deus nunca me usaria. Era uma criança difícil, era literalmente o pesadelo de qualquer pai, algo fora do comum.

Olhe para a minha vida hoje, milhares e milhares de pessoas já foram salvas, curadas e libertas ao redor do mundo através de mim. Olho para mim mesmo e continuo pensando: *Como Deus pode me usar?* Todas as noites quando volto para casa após uma reunião na qual preguei e orei pelas pessoas, vendo o poder de Deus mudar suas vidas, pergunto ao Senhor: "Como podes me usar, Senhor, como podes usar um homem com um passado como o meu?" Isso é a graça do meu Deus e a compreendo, mas o que fez de mim o homem que sou hoje?

Não foi por meio das conferências que participei, por mais excelentes que tenham sido. As provações e os testes pelos quais minha fé passou me fizeram ser o homem que sou hoje. Tomei minha decisão, não desperdiçaria nunca mais nenhuma provação. Quando o teste da fé viesse, eu me alegraria, e agradeço ao Senhor pelas crises; sei que são oportunidades vindas de Deus para que Ele se mostre forte.

Compreenda que Deus está mudando o seu coração e dando a você outra história para contar. Aprenda a dizer: "Deus o Senhor é tão poderoso, agradeço-lhe e me alegro no meu sofrimento." Isso não depende dos seus sentimentos, mas da escolha que você faz.

Duas das minhas passagens bíblicas favoritas estão em Atos 20:24 e Romanos 8:18. Em Atos 20:23 Paulo disse que não sabia o que aconteceria com ele, apenas que o Espírito Santo estava lhe dizendo para ir a determinado lugar, e que lá haveria provações e tribulações esperando por ele. Após essa constatação o apóstolo faz uma das minhas afirmações favoritas: "Porém em nada considero a vida preciosa para mim mesmo, contanto que complete a minha carreira e o ministério que recebi do Senhor Jesus para testemunhar o evangelho da graça de Deus."

Paulo disse que as provações e tribulações não o preocupavam. Como ele podia fazer essa afirmação? Porque ele entendeu que todo teste faria dele uma pessoa melhor e o promoveria. Portanto, se você quer promoção espiritual no Reino de Deus, precisa aprender a se regozijar durante o tempo de provação.

Qualquer pessoa normal fica feliz quando é promovida. Por isso, quando você for testado, não olhe para as provas, as dificuldades e as provações.

Não focalize o lado negativo, olhe para os resultados do teste depois que passar por ele e veja a vitória à sua espera. Todas as vezes que passo por tribulações que já enfrentei no passado, alegro-me porque já fui aprovado no teste e agora tenho mais uma oportunidade de me aproximar da vitória. Em Romanos 8:18, Paulo declara: "Porque para mim tenho por certo que os sofrimentos do tempo presente não podem ser comparados com a glória a ser revelada em nós." Olhe para o produto final, não foque na provação.

O TESTE DO TEMPO

Há muitos testes que precisamos passar quando se trata do teste da nossa fé, e um deles é o do tempo. Todo mundo tem de passar por ele. Abraão, por exemplo, falhou da primeira vez, quando Deus prometeu a ele um filho e, quando a promessa tardou, Sara pediu que ele se deitasse com a serva dela. Ele assim o fez e Ismael foi gerado.

Você sabia que tanto no natural como no espiritual, os descendentes de Ismael e Isaque ainda lutam até os dias de hoje? Quem eram os descendentes de Isaque? O povo de Israel. Agora, quem eram os descendentes de Ismael? Os árabes, e ainda hoje esses dois povos vivem em conflito.

No mundo espiritual, os descendentes de Isa-que somos nós, os cristãos, aqueles que foram salvos pela fé. No mundo espiritual, os descendentes de Ismael são os religiosos, isso é deixado bem claro na epístola aos Gálatas. Quem persegue os cristãos nascidos de novo em Cristo Jesus? Geralmente os religiosos que não têm relacionamento com Deus. Esse foi o problema nos dias de Jesus. A maioria dos seus problemas foi com os líderes religiosos, os fariseus, e não os pecadores. Essa também era a origem das perseguições na vida do apóstolo Paulo.

Abraão falhou no teste do tempo de início, mas sabemos que no fim ele foi aprovado, portanto, você precisa passar no teste do tempo, e é nesse ponto que muitos cristãos falham. Talvez Deus tenha prometido que irá usá-lo para plantar uma poderosa igreja, e você fica tão empolgado que conta para todo mundo. Pode ser que Deus tenha prometido usá-lo no mundo dos negócios, então você começa a trabalhar, mas nada acontece, apenas fracasso e derrota. Parece que a promessa não era verdadeira. Um, dois, três anos e nada acontece, nesse ponto você começa a questionar a promessa e até mesmo a Deus. *Deus, por quê?* Você precisa passar no teste do tempo e confiar em Deus durante a noite escura da alma. Se Deus lhe prometeu algo, não crie um *Ismael*. Não importa o tempo que levar, confie que

Deus vai cumprir o que prometeu. Todos precisamos passar pelo teste do tempo.

Deus tem falado muito comigo de uma maneira clara sobre o meu país, a Áustria, sobre o avivamento que virá sobre ele e minha participação em tudo isso. Em 2004 Deus me enviou para os Estados Unidos, fiquei desapontado porque amo meu país e assim que subi no avião, Deus me disse: "Vire-se, olhe, tudo que prometi a você é verdade, deixe esse desapontamento aqui na Áustria, não carregue isso com você." Parei na entrada do avião, virei-me e disse: "*Hasta la vista!* Eu voltarei."

Quando Deus me disse em 1982 que Debi seria a minha esposa, isso ficou muito claro. Noivamos em 1983, mas em 1984 Debi decidiu se mudar para os Estados Unidos. Eu estava na Áustria e comecei a plantar igrejas no ano seguinte, não tivemos contato o ano inteiro, não tinha ideia de onde Debi estava. Nosso noivado foi rompido e havia muita confusão, isso foi antes da época dos celulares, *Facebook* e toda essa parafernália.

Não sabia onde ela morava nem sabia se ela ainda queria casar comigo. Não sabia nada, pois não tínhamos nenhum contato. Chorei muitas manhãs e noites, foi um tempo horrível, até que Deus falou comigo: "O que prometi a você foi verdade, deixe o alinhamento com o tempo." Tive de passar no teste do tempo, que durou quase dois anos, sem nem saber se ela estava viva. Foi doloroso, mas fui aprovado. Todos os dias eu me alegrava e dizia: "Deus, ainda estou esperando, e um dia o Senhor vai trazê-la até mim e vou casar com ela, não importa quanto tempo leve, não vou olhar para nenhuma outra mulher, contento-me em esperar o tempo que o Senhor achar necessário para o cumprimento da promessa."

Quase um ano e meio depois, pediram-me para ir à Inglaterra liderar um acampamento de jovens europeus por três meses. Debi estava nos Estados Unidos, mas Deus lhe disse para pegar um avião para a Inglaterra e, coincidentemente, ela foi para a mesma cidadezinha em que eu estava. Ela não tinha a mínima ideia de que eu estaria lá, liderando aquele acampamento. Enquanto eu andava pelo lugar, a porta da biblioteca se abriu e Debi surgiu do nada! Ela olhou para mim e disse:

— Você precisa de um corte de cabelo, quer que eu corte?

— Claro.

Terminei o acampamento e ela retornou para o seu país. Continuamos escrevendo cartas um para o outro. Essa era a época em que usar o telefone era muito caro, por isso apenas escrevíamos. Então, um dia, escrevi para ela:

— Venha para a Áustria e me casarei com você.

— Não tenho dinheiro para ir — ela replicou.

— Não tenho dinheiro para casar com você, mas tudo o que precisamos é um do outro, apenas venha! Você ora e crê que Deus lhe dará o dinheiro para vir e eu orarei e crerei que Deus nos dará dinheiro para a lua de mel.

— Tudo bem — ela disse.

Estava planejando o casamento e um missionário da Alemanha me ligou e disse:

— Vou lhe dar a lua de mel como presente de casamento.

Isso foi no fim de outubro, época em que faz muito frio na Áustria e já estava começando a nevar. Eu sabia que aquele missionário não teria nenhum dinheiro, então disse:

— Não se preocupe, acamparemos em algum lugar na Áustria.

— Repreendo isso em nome de Jesus, todas as vezes que me ponho de joelhos não consigo orar porque Deus sempre vem e diz que preciso pagar a sua lua de mel! Por favor, reserve um bom pacote turístico.

Reservei 16 noites em um hotel 4 estrelas, em frente à praia, porque ela ama praia, na Grécia. Ela chegou à Áustria e três semanas depois casei com ela, sem dinheiro, mas feliz porque tinha passado no teste do tempo, e o tempo está nas mãos de Deus. Smith Wigglesworth disse: "Uma grande fé é o produto de grandes lutas." Mas ele também disse: "Grandes testemunhos são resultados de grandes provações." Esse homem, que ressuscitou pessoas dos mortos, disse: "O que mais gosto de fazer é estar em um quarto com uma pessoa doente." Ele chegou a rolar no chão em agonia e dor, passou por provações incríveis, mas foi aprovado no teste do tempo e esperou que Deus o curasse. Então, temos de aprender a nos regozijar nas nossas provações para que passemos no teste do tempo. Todo cristão precisa memorizar o capítulo 3 de Habacuque. Minha esposa me disse neste último domingo que há uma canção secular que estava tentando lembrar, que descreve perfeitamente a minha vida. Ela disse que estava no carro e quando ligou o rádio, essa música começou a tocar e na hora ela lembrou: "Meu Deus, essa música descreve o Reinhard." A canção é mais ou menos assim: "Tudo vai mal, mas a vida está ótima, tudo está difícil, mas a vida ainda é boa, perdi tudo, mas ainda estou cantando minhas canções, a vida é ótima!" Você sabe por que sou assim? Não porque seja especial ou porque tenha uma natureza otimista, mas porque ao longo dos anos tenho aprendido a me regozijar em minhas tribulações.

Habacuque 3:17 diz: "Ainda que a figueira não floresça, nem haja fruto na vide; o produto da oliveira minta, e os campos, não produzam mantimento; as ovelhas sejam arrebatadas do aprisco, e nos currais não haja gado." A vida pode ser mais difícil do que essa descrição? Tudo está indo mal para Habacuque, então no verso 18, ele continua: "Todavia, eu me alegro no Senhor, exulto no Deus da minha salvação, o

Senhor Deus é a minha fortaleza, e faz os meus pés como os da corça, e me faz andar altaneiramente."

Precisamos nos alegrar por meio da provação da nossa fé porque à medida que fizermos isso, continuaremos a ser promovidos e seremos heróis da fé. Se você quiser verdadeiramente se tornar um herói da fé — e todos nós podemos ser — isso lhe custará tudo, mas o preço vale a pena. Até mesmo Jesus precisou ter a fé testada. A Bíblia diz que Jesus foi levado ao deserto pelo Espírito Santo para ser provado. Todos os heróis da fé precisam ser testados.

CANTORIA NOTURNA

Há um pássaro na Europa que canta lindamente à noite; ele é chamado de rouxinol. Um homem chamado Charles Spurgeon, um grande avivalista da Grã-Bretanha, estava pregando um dia e disse em seu sermão: "A fé verdadeira é como um rouxinol." Depois da reunião alguém lhe perguntou o que ele queria dizer com aquilo, e ele respondeu: "Conheci um homem que me falou de um lugar lindo no interior da Inglaterra, onde ele passou férias. Todas as noites um rouxinol pousava do lado de fora da janela cantando uma linda canção." Então, ele contou toda a história. Spurgeon amava a natureza e viajou para aquele lugar para ouvir aquele pássaro cantando no meio da noite. Entretanto, quando chegou a esse lugar no interior da Inglaterra, uma chuva torrencial, tipicamente inglesa, caía e fazia um frio terrível. Ele tinha poucas formas de chegar à casa onde estava hospedado, mas quando finalmente chegou lá, as pessoas que o hospedavam estavam esperando por ele. Abriram as portas e viram que ele estava completamente ensopado e tremendo de frio, deixaram-no entrar, secaram suas roupas perto do fogo e o alimentaram. Ele foi para a cama tarde naquela noite, muito desapontado, porque tinha certeza de que àquela altura do campeonato o pássaro não apareceria naquela chuva forte e tempo frio.

Ele pensou: *Fiz todo esse trajeto para ouvir o rouxinol e agora esta chuva decide cair.* Depois que ele deitou, perto da meia-noite, de repente alguma coisa captou sua a atenção. Ele ouviu algo do lado de fora da janela do quarto, quando a abriu, pôde ouvir o mais lindo som. Quando ele parou na janela e olhou para fora, viu que num galho, debaixo da chuva fria, um passarinho estava cantando uma das músicas mais incríveis — era um rouxinol. Spurgeon disse: "É assim que a fé verdadeira se manifesta, no meio das nossas maiores crises e na nossa noite mais escura, você vai cantar a sua canção e se alegrar." Precisamos aprender a passar os nossos testes da fé, contando tudo como alegria à medida que passamos por isso. Quando você passar por tentações, deliberada e propositalmente, comece a louvar o Senhor. Faço isso de maneira consciente. E é por isso que a minha esposa me disse: "Essa canção é sobre você; ela poderia ter sido escrita por você." Não me sinto feliz quando passo por tempos de dificuldade, mas não sou movido pelos meus sentimentos. Fiz a escolha de cantar minha canção de louvor e me regozijar em Deus. Digo: "Deus, não há figos na figueira, não há dinheiro na conta bancária, ninguém foi curado hoje! Mas ainda assim me regozijarei no Senhor, cantarei minha canção ao Deus da minha salvação." Essa é a primeira coisa que você precisa aprender a fazer.

Não abra mão da sua promessa

A segunda coisa que você precisa aprender é não abrir mão das suas promessas, nunca deixando o diabo roubá-las. Ele é um ladrão, não quer que passemos no teste da fé e andemos em vitória. Ele quer que passemos repetidamente pelo mesmo teste, em vez de avançarmos. O diabo está tentando nos separar da Palavra de Deus. À medida que você passa nos seus testes de fé, não abra mão da sua promessa. Creio que há uma razão pela qual o diabo tentou Eva e não Adão. Não foi porque Eva era mulher ou porque era mais fraca, mas simplesmente pelo fato de que Deus disse a Adão para não comer o fruto da árvore, e não a Eva. Ela apenas ouviu a instrução de seu esposo, e o diabo sabia que seria mais fácil separar Eva da Palavra de Deus se ela não tivesse ouvido nada diretamente dele.

A estratégia do diabo não mudou. Ele vem a Eva e diz: "Deus realmente quis dizer isso?" Ou seja, ele quis separá-la do que Deus tinha dito, porque quando estamos separados da Palavra de Deus, somos derrotados. O diabo queria que ela questionasse o propósito de Deus. Depois de alguns milhares de anos, Jesus entrou no rio Jordão e a voz do seu Pai desceu do céu dizendo: "Este é meu filho amado em quem me comprazo." O que aconteceu imediatamente depois daquela experiência? O

Espírito Santo levou Jesus ao deserto para ser testado pelo diabo. Como o diabo tentou Jesus? Qual foi a primeira coisa que ele disse a Jesus? "Se és filho de Deus..." Jesus tinha acabado de ouvir do céu Deus dizendo que Ele era seu filho amado e que se agradava dele.

Por que o diabo começou a tentação com as palavras "Se és filho de Deus"? Porque a estratégia dele não mudou ao longo dos anos, funcionou com Adão e Eva, e assim sendo, ele estava tentando fazer isso com Jesus. E ele usa a mesma estratégia com milhões de cristãos e tem sido bem-sucedido em separá-los da Palavra de Deus e fazê-los viver em derrota em vez de vitória. Ele quis colocar dúvida na mente de Jesus e separá-lo da Palavra de Deus, e ele ainda faz a mesma coisa hoje.

FATO VERSUS VERDADE

À medida que você passa pelo teste da provação, o diabo sussurra em seus ouvidos: "Você tem certeza que a promessa veio de Deus? Está tudo dando errado, você tem certeza de que Deus fará isso?" Você precisa dizer: "Diabo arreda-te de mim! Sempre acreditarei no que Deus diz, nada e ninguém me separará da Palavra de Deus." Você precisa ser aprovado nas tentações e tribulações da vida, você precisa entender que há fatos e verdades, e muitas vezes eles se opõem. O fato é que você não pode andar sobre as águas porque vai contra as leis da física, vá ao oceano e experimente fazer isso. Entretanto, a verdade é que Pedro e Jesus andaram sobre a água.

Então, qual é a realidade verdadeira, o fato ou a verdade? O fato é o que o médico disse, que eu tinha leucemia, mas a verdade é que Jesus falou comigo em sonho e disse: "Eu te abençoo, te curo, te abençoo."

Geralmente acreditamos nos fatos quando Deus quer que acreditemos na verdade. Jesus disse em João 14 que Ele é a verdade, se Jesus é a verdade, então, tudo o que Ele diz é a verdade, Ele não mente, é contra a natureza dele.

Precisamos aprender que quando os fatos e a verdade se opõem, devemos firmemente acreditar na verdade, a Palavra de Deus, e nos agarrar a ela. A verdade desafia os fatos se ousarmos crer nela.

Minha esposa sofreu com muita dor no joelho, os médicos deram o diagnóstico de que ela estava com os joelhos desgastados, porque costumava se exercitar muito. Não havia nada a ser feito a não ser substituir o joelho, e isso não era uma boa ideia, porque ela não era é muito nova. Orei várias e várias vezes com e por ela, ungi-a com óleo, repreendi a doença e o diabo e ordenei que o joelho dela fosse curado. Fiz tudo o que podia ser feito, mas nada mudou.

Então, um dia estava viajando e ministrando em outro país e ela estava em casa, sozinha. Uma noite ela teve um sonho e nele Jesus vinha até ela e a levava ao céu. Quando chegaram lá, Ele a levou para uma sala repleta de partes do corpo e Jesus lhe disse: "Tenho um joelho novinho em folha para você." Ele foi até uma prateleira, pegou um joelho, colocou em uma caixa, fez um pacote, embalou e colocou o endereço na caixa e levou para o departamento de entrega. Ele olhou para ela e disse: "Você receberá um joelho novo, se você não mudar do endereço da fé para a rua da descrença e da dúvida."

Quando ela me mandou um *e-mail* falando do sonho, eu lhe disse: "Amor, é melhor você não se mover ou mudar de endereço, não importa o quanto tempo levar, duas semanas, dez meses ou cinco anos. NÃO SE MOVA ou mude de endereço! Esse é o endereço onde a encomenda será entregue: Debi Hirtler, Avenida da Fé, nº 344, Wilkesboro, Carolina do Norte, Estados Unidos."

Disse a ela que todos os dias ela precisava agradecer a Deus pelo joelho que já fora colocado no correio. Adverti-a para que não se movesse da fé para a descrença nem deixasse o diabo roubar a promessa dela, porque o joelho dela já estava a caminho! O caminhão de entrega já está sendo pilotado, já saiu do céu e está vindo para a nossa casa e um dia ela iria acordar com um joelho perfeito — desde que não mudasse de endereço.

Também precisei lutar para não mudar de endereço várias vezes em minha vida. Permita-me encorajá-lo também! Não mude de endereço, passe no teste da fé, cante e se alegre diante do Senhor, olhe para as circunstâncias bem nos olhos e diga: "Passarei nos meus testes, cantarei a minha canção, herdarei a minha promessa, não importa quanto tempo o teste durar, nunca abrirei mão da minha promessa porque acredito mais na verdade do que nos fatos."

NÃO RENUNCIE

Romanos 4:20-21 diz: "E não duvidou da promessa de Deus por incredulidade, mas foi fortificado na fé, dando glória a Deus, e estando certíssimo de que o que ele tinha prometido também era poderoso para o fazer." A Bíblia diz que Abraão "não duvidou da promessa". No teste da fé, a incredulidade vai querer fazer com que você abra mão, mas precisamos nos manter firmes sem duvidar, porque se a dúvida nos controlar, teremos uma mente inconstante e não receberemos nada de Deus. Tiago nos diz isso claramente no capítulo 1:6: "Peça-a, porém, com fé, em nada duvidando; pois o que duvida é semelhante à onda do mar, impelida e agitada pelo vento. Não suponha esse homem que alcançará do Senhor alguma coisa."

Não duvidar significa decidir firmemente na sua mente que o que Deus diz é sempre verdade. Deus nunca mente; o diabo é o pai da mentira. Deus já nos deu uma medida de fé, devemos usá-la e ela crescerá. Então, à medida que você crê (que é o verbo do substantivo fé), ela fica cada vez mais forte. Não abra mão de nenhuma das promessas de Deus, não mude de ideia acreditando num momento e duvidando no outro, porque as circunstâncias mudaram ou porque os sintomas no seu corpo dizem o contrário do que Ele prometeu.

Se você não renunciar por conta da falta de fé, assim como foi com Abraão, Deus também fortalecerá a sua fé para que você possa dar a glória a Deus no meio da tribulação. Pessoas de fé dão glórias a Deus mesmo quando passam pelo inferno na terra. Davi disse no Salmo 23: "Ainda que eu ande pelo vale da sombra da morte, não temerei mal nenhum." Ele não disse "enquanto *paraliso* no vale da sombra da morte". Muitos cristãos ficam paralisados quando passam por tem[pos difíceis e pelo vale da sombra da morte, pensando: *meu Deus, minhas tribulações estão tão difíceis...* Param e focam nos problemas, dificuldades e falam sobre os problemas que os cercam.

Enquanto percorro minha caminhada cristã, não paro quando estou no vale da sombra da morte, mas prossigo, não me atemorizo porque sei que Deus me dará o que Ele me prometeu. Regozijo-me no

Senhor, adoro-o e rendo-lhe louvor, porque o meu Deus não é mentiroso. A Bíblia diz em Tito 1:2 que Deus não pode mentir e em Números 23:19 que: "Deus não é homem para que minta, nem filho do homem para que se arrependa. Porventura, tendo ele prometido, não o fará?"

Você precisa passar pelos testes, continuar andando, não parar. "Abraão foi fortalecido na fé..." Amo esse versículo porque a palavra "fortalecido" no grego está escrita na voz passiva, que significa que você não faz nada, Deus é quem o fortalece. Realmente, a gramática grega é poderosa.

Você não pode ser fazer forte por si mesmo, é Deus quem fortalece a sua fé. Se você continuar a acreditar e renunciar à dúvida, será sobrenaturalmente fortalecido pelo próprio Deus. Abraão estava plenamente convicto de que Deus faria o que prometera, de que Ele não mentiria. Do mesmo modo, você deve passar pelos testes, entoar a canção do rouxinol e encarar as provações nos olhos afirmando que o Deus que entregou o urso e o leão, também entregará o gigante em suas mãos, assim como fez com Davi.

Você só será fortalecido na fé quando escolhe não abrir mão. Muitas pessoas querem ser primeiro fortalecidas na fé, para então decidir não abrir mão. Esse é o modo errado de fazer as coisas. Somente depois que você determinar na sua mente que mesmo em meio a todas as dificuldades, dores, testes ou provações, você não renunciará a fé por conta da dúvida, é que você será fortalecido.

15

COISAS QUE IMPEDEM A SUA FÉ

Você precisa saber que há certas coisas que impedirão a sua fé. Se deseja andar na fé verdadeira, você tem de evitar certas coisas que representam um obstáculo à fé e fazer de tudo para ficar longe desses obstáculos. Vejamos alguns deles.

AUTOCOMISERAÇÃO

Autocomiseração, também conhecida como autopiedade, é o primeiro grande obstáculo para a fé. As pessoas que me conhecem há algum tempo sabem como me sinto sobre ela. Creio que esse sentimento vem dos calabouços do inferno. A autocomiseração acontece quando você tem pena de si mesmo: "Coitadinho de mim, tudo é tão difícil, a vida é tão dura, ninguém me entende, meus problemas são maiores do que os de todo mundo, minhas provações e testes são tão duros, por que ninguém me ama? Ninguém me entende... A vida é tão difícil!"

Conheço um homem que teve uma experiência incrível com Deus há algumas décadas, quando ainda era jovem. Deus abriu todos os seus sentidos espirituais para o mundo sobrenatural e por quase duas semanas ele viu demônios e anjos com seus olhos naturais. Depois desse período ele pediu a Deus que parasse aquilo ou ele morreria. Esse homem afirmou: "O diabo não precisa ler a nossa mente, porque no mundo espiritual há sons, cores e cheiros." Paulo disse aos Filipenses que a oferta que eles estavam mandando a ele era como o cheiro de aroma agradável a Deus, ou seja, cheirava bem nas narinas do Senhor.

Isso nos mostra que nossas ações cheiram no mundo espiritual, mas elas nem sempre cheiram bem, também podem cheirar mal. Os cheiros bons atraem a Deus, mas os ruins atraem demônios. Esse homem cheirou, viu, provou e ouviu as coisas espirituais com seus sentidos naturais. Alguém lhe perguntou qual foi o pior cheiro que ele tinha sentido, e ele contou diferentes histórias que são maravilhosas, mas disse que o cheiro mais fétido que sentiu foi o da autopiedade. Infelizmente, todos nós, uma vez ou outra, vemos-nos às voltas com a autocomiseração, vocês não concordam comigo?

A autocomiseração é como um espiral que nos suga cada vez mais para baixo. Quanto mais você sente pena de si mesmo, mais sua vida desce. O diabo quer fazer com que você tenha pena de si mesmo, porque quando você faz isso ele pode sentir o cheiro e os demônios são atraídos a você. Quando aprendi isso, tomei a decisão de que odiaria a auto-comiseração ardentemente. Quase 27 anos depois, quando casei com a minha linda esposa, eu disse:

— Amor, você me ama?

— Claro que sim.

— Você pode me fazer um favor? Se detectar qualquer traço de autocomiseração em minha vida, você pode me dar um chute no traseiro?

Depois de alguns anos de casamento, talvez quatro ou cinco anos, estávamos na cozinha da minha casa com alguns amigos, e nessa época passávamos por um período muito difícil, um momento muito duro com a nossa igreja. De repente, um eles começou a dizer:

— Puxa pastor, me perdoe, mas não sei por que as pessoas são tão ruins com o senhor. Lamento que o senhor esteja passando por esse tempo tão difícil. Por que as pessoas o odeiam tanto? Sinto muito pelo senhor.

Em dado momento, senti tanta pena de mim mesmo que comecei a dizer:

— Isso é terrível, estou passando por um tempo tão difícil, essas pessoas às quais dediquei a minha vida agora me odeiam e trabalham contra mim.

A próxima coisa que senti foi minha esposa chutando meu traseiro na frente dos nossos convidados. Ela disse:

— Pare, porque a sua autocomiseração está fedendo!

Foi assim que fui liberto há 22 anos. Não permita que a autopiedade permaneça em sua vida durante o teste da fé. Ela é um grande obstáculo, uma verdadeira distração na caminhada da fé.

MEDO

Em segundo lugar está o obstáculo do medo. Ele mata a fé em você, mas se você entender que o medo lutará contra a fé no seu coração, isso o ajudará a vencê-lo. Tenho falado muito sobre medo neste livro e não quero fazer isso novamente, mas quero que você tenha consciência de que esse é um grande obstáculo para a nossa fé. Medo e fé não podem co-existir no mesmo coração. É como luz e trevas tentando estar no mesmo quarto, o que é impossível.

DÚVIDA

O terceiro obstáculo à fé é a dúvida. Não questione o que Deus lhe prometeu porque, assim como a fé e o medo não se misturam, a dúvida e a fé também não podem habitar no mesmo coração. Se você permitir que haja dúvida em seu coração, a fé terá de deixá-lo porque quando ela enche seu coração, então a dúvida tem de se retirar. A fé não é uma questão mental, por isso, quando o diabo colocar dúvidas na minha cabeça, devo me recusar a que isso tome meu coração e lutar contra a dúvida.

A MENTIRA DE QUE VOCÊ NÃO É DIGNO

Outro grande obstáculo da fé é crer que você não é digno. Deus não faz milagres para você porque você é digno, Deus os faz porque Ele o ama. Ele o tornou digno por meio de Cristo Jesus, a única dignidade que temos é em Jesus, entretanto, muitas pessoas nunca receberam um milagre porque sentem que não o merecem. Orei por pessoas que me disseram que não mereciam ser curadas. Eu lhes disse: "Isso é verdade, vocês não merecem nada disso, isso é um dom de Deus, é um dom da graça e pode apenas ser recebido pela fé, se fosse por merecimento, Deus não teria permitido que seu filho sofresse e morresse por você, pagando tamanho preço." Então, nunca permita que o diabo diga que você não é digno de receber sua promessa. Por acaso sou digno de viajar ao redor do mundo e ser usado por Deus para mudar muitas vidas? Claro que não, em mim mesmo não há dignidade, mas Deus tem me dignificado por meio do sacrifício de Jesus Cristo. Eu era uma pessoa problemática, mas Jesus veio em carne e me tornou a justiça de Deus em Jesus Cristo. Ele me disse: "Meu filho, agora você é digno, não por qualquer coisa que você tenha feito, mas por causa do que Eu fiz." Portanto, sou digno de receber qualquer coisa pela qual Jesus pagou.

Há alguns meses estava correndo e meu tornozelo começou a doer muito, mal podia continuar a correr, então tentei continuar a correr mesmo com dor, e disse: "Senhor, não sou digno da dor, apenas sou digno daquilo que o Senhor já pagou e o senhor já pagou pela minha saúde e pela cura do meu tornozelo. Abro mão dessa dor agora, porque não sou digno de receber a minha cura." À medida que continuava a correr, a dor desapareceu completamente.

Podemos concluir que você é digno por causa de Jesus Cristo, não por causa de nenhuma das coisas boas que você possa ter feito. Nenhum de nós é digno em si mesmo, mas todos fomos feitos digno por meio de Jesus Cristo, e esse é o poder da salvação.

DESENCORAJAMENTO

Finalmente, o diabo tentará desencorajá-lo. Ele colocará todos os tipos de pensamentos dentro da sua mente que tentarão desmotivá-lo. Essa é uma de suas maiores estratégias.

O desencorajamento é um grande obstáculo para a nossa fé; ele vai tentar nos desviar do foco fazendo com que coloquemos nosso foco em tudo, menos em Deus e nas nossas promessas. Você precisa lutar contra esse obstáculo da fé dando adeus ao desencorajamento.

CONCLUSÃO

Você leu muitas coisas sobre fé neste livro, e oro para que o Espírito Santo grave essas palavras no mais profundo do seu coração porque desejo que você se torne maior do que eu em fé. Se eu ouvir histórias de coisas inacreditáveis que Deus operou por seu intermédio, maiores do que meus olhos têm visto, serei o homem mais feliz do mundo.

Quero que você se torne maior e melhor do que eu jamais seria. Se apenas um de vocês se tornar um herói da fé, algo que todos podem ser, ficarei profundamente satisfeito. Não é a soberana escolha de Deus que nos torna heróis da fé, pois Deus escolheu cada um dos seus filhos para serem íntimos dele e se tornarem heróis da fé. É a sua resposta à escolha de Deus que faz com que você seja esse herói e experimente o poder sobrenatural de Deus. Ele já o escolheu, pois João 15:16 diz: "Não fostes vós que me escolhestes, mas eu vos escolhi a vós outros para que vás e dê frutos e seus frutos permaneçam, e tudo o quanto em meu nome pedirdes, ao Pai, Ele vo-lo conceda." Deus quer que você traga muitos frutos para o seu Reino eterno, porque você foi escolhido para ser frutífero, portanto, pode ser um herói da fé.

Viva o que você aprendeu neste livro e se torne um gigante da fé, mude o mundo por Jesus.

Lembre-se de que há dois exércitos espirituais que estão sendo levantados nestes últimos dias: o do diabo, aquele cujas pessoas são egoístas e vivem para si mesmas, e o de Deus. Não seja parte do exército de Satanás, aliste-se no exército de Deus, que é feito de pessoas abnegadas que vencerão o diabo pelo sangue do cordeiro, pela palavra do testemunho, pois não amaram suas vidas até a morte. Com os olhos do meu coração, tenho visto esse exército marchar e trazer a grande colheita, a grande vitória para Deus. Vi isso de maneira muito clara. Vamos todos fazer parte desse exército.

Não consideremos nossa vida preciosa; cada soldado tem de trazer sacrifícios e desistir de tudo para trazer uma grande vitória para seu país. Você não vai levar nenhuma das suas coisas boas para o céu. Quando você se apresentar diante do Senhor

Jesus, não haverá *Iphones, Ipod, facebook, notebook,* casas ou carros do momento, mas você estará com todas as pessoas que ganhou para Jesus.

Não deseje ser um herói da fé por si mesmo, mas por causa de Deus e do seu Reino eterno. Quero ser parte desse exército, espero que ainda tenha muito tempo livre para servir a Deus e o seu Reino. Eu disse a minha vida; tenho uma corrida para correr, que é o ministério que Deus me deu e meu propósito neste mundo. Quando tiver completado minha carreira, quero deixar a terra e ir direto para o céu!" Um dia estarei lá, mas enquanto isso não vou sentar na minha poltrona e assistir televisão nos meus últimos dias de existência na terra, esperando para ir para o céu.

Completarei o ministério que Deus tem me dado, e quando Ele disser: "Meu filho, está consumado", deixarei esta terra e irei para o céu. Creio que Deus fará isso por mim. É assim que desejo passar os últimos dias, terminando o chamado que Deus me deu para o cumprimento do seu propósito, partindo logo depois para o céu — esse é o modo que todos nós deveríamos viver e terminar nossas vidas.

Não é digno viver nossas vidas para nós mesmos, confie em mim, não vale a pena. Mas é digno derramar a sua vida por Jesus e o seu Reino. Espero e oro para que todos nós possamos comparecer diante de Jesus trazendo muitas pessoas conosco, então Ele se voltará para nós e dirá: "Servo bom e fiel." Essa é a razão pela qual vivemos. E quando você vir o céu, tudo nesta terra perderá o seu valor, confie em mim. Torne-se um herói da fé, por Deus e pelo seu Reino eterno.

NOTA DO EDITOR - SEGUNDA EDIÇÃO

O livro "Fé", do Pastor Reinhard Hirtler, esgotou-se em suas edições anteriores e, devido à intensa procura, retornamos a imprimi-lo. Esta edição, na verdade, seria uma reimpressão das anteriores, visto que não houve alteração no texto nem na tradução. Todavia, houve uma mudança de editora e, por essa razão, deixamos esta nota. Assim sendo, ressaltamos que, a partir de então, os livros do Pastor Reinhard Hirtler serão publicados pela RH publicações e o contato para aquisição de seu material deve ser com o próprio autor ou com o departamento de vendas da RH publicações, que está aos cuidados de Vinícius Lemus:

(62) 9999-1399 (whatsapp),

Email: rhpublicacoes@gmail.com

Site: www.rhlivraria.com.br